行到水穷处，坐看云起时

王维诗传

红豆 / 著

中国华侨出版社

北京

一提到盛唐，有人想到的是万人迷一样的浪漫肆意的李白，有人想到的是当时开放的社会风气，有人想到的是公孙大娘的倾世一舞，有人想到的是远出寻经的唐玄奘；而说起盛唐时期的诗歌，人们总是更容易提起诗仙李白，诗圣杜甫……而提起诗佛王维的却不多。也许这是因为，一个以禅为名的人，在那样华丽的时代中，本就是格格不入的吧。

王维的一生如其名，维摩诘之经，目净修广如青莲，心净已度诸禅定。九岁可属文，二十一岁金榜题名，宦海沉浮，五十四岁经历安史之乱，六十岁任尚书右丞，六十一岁与世长辞。一生之中，他走过唐代的辉煌与荒芜，也走出了内心的枷锁与藩篱。在儒家修齐治平的理想中，体验人生的起落。进则以儒家思想砥砺气概，退则在佛学世界中寻找精神的栖身之所。半隐半仕是王维为后代文人找到的一个别样的精神归宿。

如果把盛唐气质比作富贵牡丹，那么王维所代表的山水田园诗派则是清幽的菡萏。禅境，坐忘，在水穷之处看云卷云舒，是"诗佛"王维的气质；浑然，天成，自然之美是王维毕生的艺术追求；山水，田园，空灵，清寂，禅趣让王维少了人间烟火之气。

他的画从不浓妆艳抹，自然风物与清冷的禅境却总是相得益彰；没有繁复的修饰，黑与白是他的调色板，自然之美却溢于纸上。

于是在空山新雨后，我们嗅着泥土的芬芳，望着一如一千多年前的月色，品着杯中香醇的清酒，思绪顺酒香，借着月光扶摇直上，在恍惚茫茫间回到一千年前，看到那熙熙攘攘繁华热闹的长安，然后找到了那个格格不入的诗人。他就是那个与佛教中的维摩诘同名的人，那个即使身在仕途却心在田园的人，那个真正做到了大隐于朝的人。

目录

CONTENTS

1

行到水穷处，坐看云起时 王维诗传

第一章

王家有子，当时年少

雨中解禅意

"摩诘，你可知道，天上的云为何要变换不停，为何居无定所？"

听到问话，坐在石阶上望着天空的小男孩将视线移到父亲的脸上，然后茫然地摇了摇头。

父亲慈爱地抚摸着他的后脑，又问："那你可知道，你的名字摩诘是何含义？"小男孩继续摇着头。父亲的话对他而言太过深奥，并不是他小小的脑袋能够理解的。虽然他从出生以来就一直被人称作天才，虽然他才几岁就能吟诵诗歌，但他毕竟还是一个小孩子。再聪明的小孩子看到浮云之时，也只能好奇这些好像棉花的东西刚刚还像一只小狗，怎么现在又变成鸟了。

父亲自然看懂了儿子眼里的迷茫和不解，他一边缓缓地拨动着手里的念珠，一边搂住男孩子瘦弱的肩膀，说："让为父告诉你，云之所以变幻不停，是因为人心在动，人的心永远都在动，所以云的变幻也不会停止。而你名字中的维摩诘则是一位伟大的佛，为父希望你此生始终能保持一颗菩提之心。"说完，他看到儿子似懂非懂地点了点头。

儿时的记忆往往是最深刻的，那些我们不曾听懂的话语，在长大之后却不知不觉渗透在我们的生命中。所以尽管小小的王维尚无法理解云动与心动的联系，但那颗如明镜之台的心，就这样在他的身体里生了根，并随着他的成长而渐渐长大。

秋雨淅淅沥沥地落下，雨并不大，打在身上也不会湿了衣服，只有时间久了寒意才会缓缓从衣袍外渗到肌肤之上。这么一大一小就坐在院前的石阶上，望着已经看不到浮云的阴霾的天空，一个静谧安逸，一边拨动念珠一边嘴中念叨着什么，一个则天真无邪，皱着眉头努力思考父亲刚刚说的话。男孩的念珠是挂在脖子上的，细雨在念珠上面凝成露珠，在每一滴露珠里面，都能看到整个天与地。

与当时许多鼎盛诗人不同，王维的家是一个充满着禅意与佛学的家。在这个家中，每个人都信仰佛教。那时候的中原大陆正是百无禁忌的多元化时代，各国的文化都可以在这里得到很好的展示和传播，佛教也在那时得到了很好的发扬。当时，许多人信佛其实并非出于信仰，而是为了追求流行，仿佛只要你手里多一串佛珠，言谈中多几句禅语，就显得特别有范儿一样。

做官入朝自然是那个时代许多家庭对子女的期望，但对于一个一心向佛的家庭来说，官拜朝廷反而并不是最重要的，最重要的则是可以接近佛，甚至成佛。所以读书考取功名只是在红尘之中修炼的一部分，最终的目的却是看透红尘，获得心中真正的宁静，真正的大彻大悟，真正的大自在。

衣服已经快要湿透了，但是这父子俩似乎都没有要从石阶上起身的意思。父亲已经闭上双眼，安心拨弄佛珠了，好似是在将自己融入这秋雨之中，在努力达成一种天人合一的境界。小小的王维则安静地坐在那里，双手托着腮，思考那些他尚不能理解的问题。他看了看父亲，又看了看石阶旁一株孤零零的小黄花，黄花映在他胸前佛珠上附着的露珠里，每一滴露珠上面都映射出了这小黄花的影子。露珠只要轻轻一抚便可消去，但那黄花只有你亲手摘下碾碎了才会消失。可是又凭什么说，露珠内的黄花就不曾存在过，就不是真实的呢？

"父亲，我不明白。"小摩诘嘟着嘴说。

这时父亲睁开双眼，好似从一场很久很久的梦中醒来，他缓缓地说："其实又有谁明白呢？"他站起身来，抖了抖身上的雨水，拉起小王维，"衣服快被打湿了，咱们回屋里去吧。"

小王维听话地点了点头，这时他才发现原来身体不知何时已经变得冰凉了，他不由得打了一个喷嚏。

父亲露出关切的神色："赶快回去换一身衣服吧，入秋了，着凉就不好了。"

一大一小这才回到屋内，在下人的抱怨中换上了干爽的衣服。王维毕竟只有六岁，又淋了雨，不停打着喷嚏，在下人的照料下，披着毯子饮了杯热茶才算好一些。"老爷也真是的，明明下雨还带着小少爷一起淋雨，病了可怎么办啊！"下人不敢告诉夫人惹她担心，只能不停抱怨，而王家老爷只是抱歉地笑笑，为给对方带来的麻烦而道几声歉。

　　周围变得嘈杂了。被裹在毯子中的六岁的王维开始怀念刚刚在秋雨之中的感觉，那时虽然耳边只能听到雨的簌簌声，但那声音比起此刻的嘈杂要悦耳许多。看了看自己胸前的紫檀佛珠，上面的露珠早已因屋内热气而散去了，上面曾经映出的一切也已成空。但他知道，那些都是真实存在过的，他相信，在他小小的脖子上，曾经挂着一片开满了小黄花的花园。

少年听学中

春秋代序，秋去冬来。王维在书香世家渐渐长大，父亲脸上的皱纹是岁月划过的痕迹，时光安静地追赶着王维的脚步，茶杯和绒毯祥和地躺在它们该在的位置上，可少年已不再是当年懵懂无知的孩童。

王维的童年在太原祁也就是现在的太原祁县度过，那是一个古色古香的深宅大院。王维是家中的长子，他有四个兄弟：二弟王缙，比王维小一岁，和王维最为要好；三弟王绅，比王维小三岁；四弟王纮，小王维四岁；五弟王纮，比王维小六岁。此外还有一个最小的妹妹。

王家算是当地的世家大族。虽然魏晋时期的选官制度——九品中正制已经被废弃，魏晋南北朝时期盛行的门阀制度也渐渐消弭，可是，一种文化和制度一旦形成，就会有深厚的土壤，所以即便是制度被废除了，在人们的心中，像王家这样的世家大族还是值得尊敬和爱戴的。门第之观念还是很重要，跟世家大族结亲的女子自然也要是书香门第，王维的母亲崔氏就是来自这样一个家族。生于这样的家庭，王维接触到的都是名士，这对他早年的学习以及人格的形成有很大的帮助和影响。

桌边，一个儒雅的少年在煮茶，举手投足满是文人雅士的风度。这可是王维费了好大的功夫才得来的几两贡茶，他定要好好品尝。他架好煮茶用的鍑，用炭挝将木炭一一敲碎，投入风炉中点燃，再把之前准备好的山泉水注入鍑中。

水初沸微微有声之时，他捻起少许盐放入水中。当其二度翻滚起来时，他将之前准备好的研膏茶放进去。当水第三次沸腾时，他拿起勺子珍惜地盛出三碗，用自己视如至宝的青瓷荷叶盏盛放。这盏呈五瓣莲花状，口敞侈，深腹，有圈足；盏托呈四片卷边荷叶状，托中心部下凹形成一定深度，正好与盏的下腹部套合；通体一色青釉，犹如一朵盛开的荷花。

唐代饮茶，鍑三沸后盛出的三碗茶在《茶经》中称之为"珍鲜馥烈"，而这饮茶用具也有讲究，莲是洁身自好的象征，更是佛性的象征。这套茶具端庄灵秀，仿荷作盏，用茶怡性，反映了王维的追求。

饮茶之时，馥郁之香最是有益于冥思。王维有时也不明白，为何父亲教自己谈禅礼佛，又要求自己学习儒家的经史子集，还请了一位严厉的师傅，来教自己和弟弟。

弟弟王缙，字夏卿，只比王维小一岁。兄弟俩从小一起长大，王缙和王维一样，对佛学有着浓厚的兴趣。二人在父母的教育下，在家庭环境的影响下，一起读书，更是推崇儒家经典和儒家的入世思想。在唐玄宗时期，科举考试主要考明经和进士两个科目。明经，顾名思义，是跟儒家经典的经书有关系的考试，分为帖经和墨义，这里的"经"主要指的是《诗经》《尚书》《礼》《易经》和《春秋》。帖经就是拿出经书中的一句话，然后接下一句或者上一句，跟现在考试的默写填空意义相同；而墨义就是要求考生回答一些关于经书的问题。进士比较难，考查的是考生的文采、才思和创造力，就是给考生一定的题目，让考生作诗或者撰文或者作赋，有时候也加入一些帖经考试。

王维兄弟二人还是孩童的时候，父亲就给二人请了一位家庭教师来教授科举的内容。老师很是严厉，常常头戴额冠，负手而立，长着长长的白胡子，每当思考或者生气想教训两个孩子的时候，总会用手抚摸胡子一会儿，然后再采取行动。

两个孩子对老师的古板很是厌烦，经常想捉弄一下这个白胡子的老头，好在两个人在学习方面都很有天赋，每次老师刁难时都可以顺利过关，所以还算相安无事。

这日，该学习《论语》了，可是两个人早就对《论语》烂熟于心，所以他们做了一个大胆的决定：相约一起逃课去花园中捉蟋蟀玩。王缙想起昨日老师狠狠地打了自己手板，因为他在上课的时候不小心睡着了，梦里还梦见了漫天的蝴蝶飞舞，那情景美极了，所以跟王维相约要捉弄一下这个老古董。他们辛苦地打了一桶从井中刚汲出的凉水，把上课的房间的门略微打开一个缝隙，把水桶放在了门和门框上面，只要一有人推门进来，就会被淋成落汤鸡。两个淘气鬼想象着老师满身是水站在廊下的情景，不禁笑出声来。

　　刚好这日，父亲的工作提前结束，就决定去看看两个儿子读书是否认真。虽然他常看两个小家伙的文章，觉得颇具才情，可在王父的认知里，读书还是应该踏踏实实，不应总在歪才和小聪明上下功夫。不想走到了门口，却没有听见里面应该有的稚嫩的读书声，所以他打算推门进去看个究竟。谁曾想，推开门还未来得及反应，一桶冰凉的水便兜头而下。看了门上的机关，王父不禁又好笑又好气。换过衣服后，他决定好好惩治一下这两个淘气鬼。

　　这时，二人还在花园中欢乐地捉蟋蟀呢，高兴的王维还吹起了口哨。看到父亲怒气冲冲地走来，二人知道自己这次定会挨罚，可又不敢再跑，只好站在原地等待父亲的责骂。王维满头大汗，王缙的小手中还攥着刚刚捉到的蟋蟀，兴奋的表情僵在了脸上。最后的严重后果是，二人不许吃晚饭，在佛堂罚跪了两个时辰。

　　王母崔氏心疼地看着被罚的两个儿子，帮他们揉着膝盖，温柔地劝说道："一日为师，终身为父，你们要将老师当作父亲一样尊敬和孝敬，再不可如此这般戏弄老师。"两个被罚的小家伙还不懂什么叫"一日为师，终身为父"，不过鉴于今天严厉的惩罚，他们决定以后再也不敢放肆。

　　王维心中的矛盾不久便消失了，因为他已经不是那个坐在石阶上依偎在父亲身旁的懵懂小孩子了。当他的才气崭露头角之时，儒家的治世理想成为他生活的全部目标。儿时父亲的话仍旧言犹在耳，但这并不影响王维踌躇满志，为朝廷效力的意愿。他也像盛唐意气风发的少年们一样，开始欣羡指点江山的将军，期待入朝为官，建立丰功伟业。

一个残冬的白日，在边塞咸阳，故国旧都的古城边，一场声势浩大的狩猎正在进行。这场狩猎让王维热血澎湃，所见所闻更激起了他实践理想的决心和勇气。

平原草枯，积雪已消，冬末的萧条中略带一丝春意。号角吹起，千骑轻从卷过寥廓的草原。苍鹰在低空盘旋，一双锐利有神的眼睛是将军得力的助手；猎物出现，强弩箭矢顿时奔涌而出，号角声、风的呼啸声、马蹄踏过草原的踢踏声、人声、犬吠、弓箭拉开时弓弦颤动的声音，嘈杂又有序，每一声都砸在王维的心上。战马上英勇的将军，双腿夹紧马腹，左手持弓右手射箭，猎物应声而倒。他羡慕这样的风姿，好男儿就是要醉卧沙场，叱咤风云。

这是王维心目中英雄该有的形象，这是战功赫赫的象征。王维也想做这样的将军，希望在唐朝盛世中建功立业，希望在青史上留下姓名。四五十匹骏马奔驰在土地上，旗帜招展，连最凶猛的野兽见了也为之惊恐，经过一番鏖战，最后猎物装满了车子。暮色四合，举行盛大的宴庆，篝火上的猎物散着香气，大碗的美酒，歌舞狂欢之后沉醉地酣眠。酣畅、恣意、自由甚至有些狂妄，获得的猎物是战争中的城池，一种满足感让人欢欣。

狩猎本是人类原始时期获得食物和皮毛的最重要手段之一，

行到水穷处，坐看云起时　王维诗传

进入农耕文明后，狩猎活动依然受到贵族的追捧。到了唐代，特别是盛世安稳繁华的前期，上至王公贵族，下到平民百姓，无不热衷于游猎活动。因在和平的盛世中，战争不再被需要，狩猎成了人们展示自己武艺的途径，也因此催生了很多文人骚客的狩猎诗。看到这样的景致，王维的心中升起豪情万丈，他决定，自己也要做一个这样的人。宦游和科考成为他最终实现抱负的最重要途径。苍茫廖远的大漠是他梦想的天堂，雅正严肃的庙堂是他追求的目标。

王维的母亲崔氏喜爱参禅礼佛，对佛学无限推崇，王维自小生活在这样的环境中，佛家思想深深地埋在他的脑海中。但不能忽略的是，王维更是从小受到正统的儒家思想的教育。他的曾祖父、祖父和父亲三代为官，可以说王维也是出自官宦世家、书香门第，自然会受到家族的影响。

王维的父亲官至汾州司马。在唐代，地方行政区划主要有州、郡、县三级，后来藩镇割据局面产生后又有了藩镇。司马一职是州刺史的下属，没有具体的职事，只是辅佐刺史处理一州的事宜。虽然父亲身处冗员之职，没有什么具体的权力，但这样的环境给了王维接触上流贵族社会的机会，这样的王维不可能不受到当时儒家思想的影响，所有也有"修身、齐家、治国、平天下"的儒家治世的理想。儒家思想在王维的思想中根深蒂固，王维的晚年在经历过宦海沉浮后，明明已经看清尘世却仍然不能完全脱离，一直过着半官半隐的生活，与他脑海中的这种儒家思想有很大的关系。

受到了触动的王维开始自觉地用功读书。每天，除了跟弟弟王缙一道向老师学习知识以外，王维和王缙还要练字作画。王维在作画方面颇有天分，弟弟王缙却写得一手好字。王维的母亲崔氏，除了喜爱佛学以外，特别擅长作画，在母亲的影响下，王维对画画很有兴趣，也很有天分。父亲为他们延请了当地最有名的老师，在老师的指点下，王维很快掌握了画画的要领，细腻的观察力也给了王维很大的帮助。

王维的爷爷王胄对音乐很有研究，曾经担任朝廷的乐官。他不但自己作乐技能高超，还收了很多徒弟。爷爷去世后，王维常常翻出爷爷曾经用过的乐器把玩。一天，他竟然无意中弹出了乐律。父亲王处廉听到很是惊讶，所以决定为王维请一位技艺高超的老师——王胄的徒弟李先生，教授王维音乐。这位李先生是王胄学生中音乐成就最高的，他最善于弹琵琶，在他的教导下，王维弹奏的技能也突飞猛进。

王处廉看着两个儿子不再淘气、用心学习，心里很是安慰。家中有乖巧听话的孩子，有知书达理又情投意合的妻子，岁月静好大抵如此。王维的童年也算是安静美好，可是好景不长，上天若要对某一人委以大任，必定要先苦其心志，劳其筋骨，行拂乱其所为。这一天，王家发生了巨大的变故。

初开相思豆

这一年，王维九岁，本应是一个无忧无虑的年龄。也是这一年，家中突如其来的变故，让王维领略了长子的担当，小小的肩膀扛起的是大大的责任。苦难是人进步的动力，它让一个人长出了筋骨与血肉，即使以后的路上荆棘密布，也不用害怕受伤的血肉不能支撑起生命的力量。王维不知自己应该感谢上苍在自己小小的年纪就给了自己成长的机会，还是应该对自己小小年纪承受的苦难感到难过与迟疑。不过，命运自有其安排，上天赋予你什么，你就得接受什么，兵来将挡、水来土掩也是一种别样的魄力。

那是一年三百六十五日中最为平淡无奇的一天，阳光明媚得有些刺眼。晨光熹微中王维和王缙两人早早起床，给母亲请过安后，刚要去老师那里学习，只见父亲平日里身边的老仆老泪纵横，扑倒在堂前。他带来了让全家都颤抖的噩耗——王处廉在职上病逝。

这两个月来，王维就经常看见父亲皱起眉头，蜷缩在太师椅上。王维还奇怪，一向严格要求自己的父亲为何坐没坐相，那时他还没有意识到父亲已经病入膏肓。听到了噩耗的母亲哭倒在地。丈夫的去世意味着家中的支柱倒下了，曾经许诺要与她生死相依的男子，竟然在中年就离她而去。她悲痛欲绝，为的是无人照拂的孩子们，为的是自己已经失去了的爱情。

王维不记得是如何料理父亲的后事的，记忆中的葬礼上是熙熙攘攘的人，是母亲悲痛欲绝的哭声和眼泪，是弟弟们不知所措又恐惧的眼睛。这一日，王维明白了，他是这家中的男子汉，他要安慰母亲，照顾弟弟们。也是这一年，王维写出了令世人赞叹的文章，他的才思为世人所称颂。

父亲去世了，偌大的家族没了经济来源，不得已，崔氏只得遣散家奴，变卖家产，搬到了母家所在的蒲州，就是今天的山西永济。虽然娘家时常会资助崔氏母子，可是崔氏知道并不能完全依靠娘家，她靠着偶尔卖些自己的绣品聊以度日，带着自己的孩子过着清贫的日子。

一转眼五年过去了，王维长大了。他觉得自己应该为母亲分忧，于是拿着自己昔日里作的字画上街售卖，希望能够补贴家用。

也是在这一年，王维遇到了他相思的红豆。

一颗红豆寄予了对谁的相思？谁的红豆寄托了对你的想念？人世间有一种相遇，但曾相见便会相知；人世间有一种情愫，执子之手便盼与子偕老。爱情，是任何人都不能避免也不可强求的，它顺其自然地到来，就要热情地接受，一旦它涓涓溜走，那也是指中沙、水中月，越用力失去得越快，能做的也只有望洋兴叹罢了。带不走的、留不下的，全都交付给上天和命运吧。

红豆是爱情的象征，它生于南方，果实红润似心形，南方人常把它放在冠上以作装饰之用。因其色红、形状似心，人们把它当作爱情的象征，用来象征恋爱或相思中恋人的赤子之心。王维找到了他的红豆，在他的似水流年里，在她的豆蔻年华中，王维遇见了他的如花美眷——刘氏。

与刘氏的相遇更像是久别重逢，自从遇见了她，他的眼中便再没有别人。一个是才子，一个为佳人，金风玉露一相逢，便胜却人间无数。但命运弄人，而立之年，王维又不幸失去了她，只是他的心中早已"除却巫山不是云"，只有时间和天地能为他作证。刘氏病逝后，王维宁可自己独自生活三十年，孤独终老，也不愿续弦再娶。或许这三十年中，王维都不曾孤独，因为刘氏的音容早已成为他生命的一部分，这三十年中，再没有人能阻止他们真正地在一起。

在王维老态龙钟的岁月里，他仍然不能忘记初见刘氏时的样子。那是一个春和景明日子，青石路上，细叶柳条下，迎面走来的女子笑颜如花，连阳光都黯然失色。一双丹凤眼上远山长黛入鬓，眉间点缀金色花钿，朱唇不点而红。她身着樱桃红长衫，上面点缀花鸟图案。脚踩重台履，雍容大气，简约华贵。体态丰满，一头乌黑的长发精致地盘在头上，高高的双环望仙髻仿若深入云端，没有繁复的装饰，只有一只银簪固定发髻，另在旁簪步摇以作装饰。走起步来，发迹的步摇发出细碎而清脆的声音，摇曳灵透，顾盼生姿，仿若九天仙女。

一个风华正茂的才子，在一个春意盎然的季节，看到这样的佳人，王维心动了。一见钟情的感觉实在太美妙了，像一阵细雨洒落在王维的心上，神秘又充满魅力。王维不禁抬起头凝视眼前的美人，虽然她不曾言语，不曾露出痕迹，但只是一瞥便可谓惊鸿，让人难以忘记。那明亮又美丽的眼神让王维进入了爱情的天地，他满心欢喜，甚至暂时忘记了家里老母亲苍白的鬓角，忘记了家中还有未成人的弟弟。

这样的痴情男子的倾慕落在刘氏的眼中，她心里泛起一阵涟漪，红妆遮盖下的脸更红了。王维身上儒雅的气质、奋发的热情深深地吸引着她。

时间静止在他们相遇这一刻。

女子走近王维的画摊，看了看王维的画作，然后拿起了画笔，王维赶忙铺开画纸。女子在纸上恣意挥洒，一盏茶的时间，大作已成。王维看了女子的画作，不禁大声称赞其画作精美，是自己所不能及的。王维想进一步向女子讨教，可是女子未再多言，起身行礼后走开了。

所谓窈窕淑女，君子好逑，求之不得，寤寐思服。见过这样美丽的女子后，王维常常在寂静的夜晚辗转反侧。他多么希望能跟这个女子，哪怕是再见一面也是好的。家中的苦闷，加上王维心中的相思，让昔日的王维更多了一层心事。他常月下吹箫，以抒发自己的愁绪。

这日，王维像往常一样，坐在墨绿的垂柳下，望着眼前的河水，一个人想着心事。平静的河水流淌出清丽的旋律，天上升起一轮圆月，半藏在云后面。微风拂过脸面，像女子细腻的柔荑滑过脸庞。

箫声起，时而低沉，像是在述说自己的经历和困境，婉转缠绵，细腻又伴着渴望；时而高亢，像是在述说自己的心愿与抱负，那是一个男子一生追求的梦想。微凉的风、清凉的水，让人的心怀顿时安静下来，沉浸到一个少年的心境当中去。这时，不知从哪里升起的琴音追逐着箫声而来。两种声音纠结缠绵到一起，相伴相和，相得益彰。

王维没有想到，在这样的夜晚会有这样雅致的琴曲相和，所以他很是惊讶，甚至暂时忘记了自己的忧思，尽情配合着这美妙的音乐。最终，曲尽。王维很想看看这个能与自己琴曲相和到如此美妙境地的抚琴人，于是又吹起了箫，不出所料，那边琴声再起。他从石岩上起身，开始寻找抚琴人，高山流水遇知音，这是多么难得！

这面是偶傥少年，风吹衣袂联动而起，白色飘飘然如仙人，头戴额冠，手拿箫管，翩翩公子也不过如此。那面晶莹的少女，举手投足间雅致尽出。王维看到对面的情景，他惊奇到忘记了吹箫，而对面的女子看到王维后，脸红了起来，琴声也停了。这女子正是让王维辗转反侧的刘氏。

刘氏遣婢女出来传话，邀请对面船上吹箫的公子到家中花园一聚。王维略微整理衣衫，敛袖随着婢女而行。

"公子箫声如咽，如泣如诉，小女子佩服不已。"

"在下王维，听闻姑娘琴声婉转低回，让人好生敬仰。恕小生冒昧，能否得知芳名？"

"我家小姐刘氏，小字宛如。"刚刚传话的丫鬟倒是嘴快，没等宛如应声就先回答了王维的问题。

"公子叫我宛如即可。"刘氏腼腆一笑，脸红了起来。

二人把酒，谈了许多文章、音乐方面的事情。王维惊奇地发现，眼前的女子不但容颜姣好，更通诗书。她的画清澈美丽，寄托了小女子美好的愿望。想起那日斗画情景，王维不禁口中赞叹："宛如姑娘的画技高超，维自叹不如，不知能否讨教一二？"听到这话，宛如竟不好意思起来，想起自己那天逞强的样子，实在是觉得抱歉，所以也就答应了王维的要求。

这日起，王维每天晚上都会与这位姑娘度过，二人或者在酒肆中谈古论今，或者在小河边琴瑟和鸣，或者在花园中共同品画饮酒。原来刘氏竟然是母亲崔氏的远房表亲，论起亲疏来，刘氏还应该叫自己一声"表哥"。王维想起母亲以前也喜欢作画，怪不得表妹画得如此好。只是在父亲去世后，母亲就再也不愿意拿起画笔，因为母亲的画都是为父亲而作，那是他们邂逅的故事。如今父亲已经去世多年，母亲把自己的画随着父亲一起埋葬在地下了。

既然是远房亲戚，不必王维多言，宛如自然知道王维家中的情景。刘氏便常常劝慰王维，并在王维的画卖得不好时，偷偷派自己的丫鬟去买王维的画作。刘氏并不嫌弃王维的清贫，王维知道了刘氏的行为后，对刘氏更是倾慕尊重。王维不在的时候，刘

行到水穷处，坐看云起时　王维诗传

氏常常会想起他，会担心他的画卖得不好，担心王维家中的老母亲病弱体虚，会担心王维的弟弟没有人抚养。当她意识到自己在想这些后，她明白，自己喜欢上了这个儒雅又有责任感的少年。

这日，二人又在论画，王维说出了憋在心里许久的话。

"所谓伊人，在水一方。我愿溯洄从之，不知能得美人眷顾否？"

宛如听了，脸更红了，她鼓足了勇气，好像做了很大的决定似的，说道："妾欲与君相知，长命无绝衰。"

王维喜出望外，告诉表妹自己"定不负相思意"。

唐代的皇族中有一半的鲜卑族血统，唐高祖李渊的母亲独孤氏，便是隋文帝皇后的妹妹，是鲜卑族的世家大族，所以到了唐太宗李世民这一辈，仍然有一半的鲜卑族血统。他们继承了少数民族的豪放与不拘礼仪，女子可以在外走动，甚至可以穿胡衣、戴胡帽。为骑马方便，唐代女子还经常换穿男装。唐代的审美也具有少数民族的特点，唐代女子以丰满为美，且喜着红妆、穿黄裙，这显然与汉人的审美有极大的不同，传统的汉族人以道家的"清水出芙蓉"为美。所以，在盛唐雍容大度的环境下，虽然婚姻嫁娶也要有媒妁之言、父母之命，但王维和表妹私订终身的行为不会被唾弃，甚至被看作浪漫的象征。

回到家里后，王维不敢跟母亲提起这件事情，不是因为难为情，而是因为王维知道家里没有富裕的银钱给自己娶亲用。他只能隐忍着，暗暗下定决心：待到自己考取功名做官后，一定给这个与自己相伴的女子幸福。

羁留洛阳城

美好时光禁不住流年的蹉跎，苦难的打磨让王维的心房日渐坚韧厚重。打不倒他的，定会让他变得坚强。他的诗画乐曲已经远近闻名，是时候开始游历生活了。只有远行，才能帮助他实现自己的梦想。

九岁之前，王维的日子轻快美好，他有精力学习儒家典籍、作画奏乐，有母亲的疼爱、父亲的教导；九岁这年，王维失去了父亲，幼年失怙，王维开始明白了长子的责任和生活的艰辛；十四岁，王维遇见了自己终生所爱，表妹刘氏不仅是王维的情感寄托，跟表妹的交往更让王维画技大增。在以后的岁月中，王维尝试着以画法入诗，把画中的意境融入诗中，跟这段时间他和刘氏的交流有着很大的关系。开元四年，王维十五岁，为了摆脱苦难的生活，为了好好孝敬年迈的母亲，为了和心爱的女子相依相伴，更为了实现自己从小的梦想，王维决定孤身一人远行，去洛阳和长安——天下最为繁华、机遇最多的京都参加科考、宦游。

行到水穷处，坐看云起时　王维诗传

临行前一日，王维跟表妹刘氏告别，他们相约同游普救寺。普救寺现在位于峨嵋塬头上，离王维的住处蒲州古城有三公里。普救寺以"普救蟾声"和深院梨花最为著名。

这日春和景明，惠风和畅，他们一边谈禅一边谈画，不知不觉竟然误入禅房深处。幽静的小路两边是一片片梨花盛开，百花盛放的季节，这里竟然如此幽静意远。这日的刘氏身着白衣，与梨花融为一体。看到这样的情景，王维开始吹箫，箫声婉转流畅，刘氏一头乌发轻挽，随着音乐翩翩起舞，落英与美人相得益彰。

王维尽情地吹奏，因为他不知道，这一别何时能再见面，所以倍加珍惜；刘氏尽情地旋转跳跃。他们都忘我地享受这一刻安宁的时光，不问过往，不忧将来，完全陶醉在音乐中、爱情里。没有言语，此刻所有的语言都是多余的。他们能做的，也只有执起彼此的双手，满腹的牵挂不舍化作无语凝噎，眼泪簌簌而下。他知道，她一定会等他衣锦还乡，她也知道，他必定不会负了自己的情意。

有一瞬间，王维也这样想着：如果两个人能不在意任何事情，一直陶醉于此，"留醉与山翁"，又有何不可？每日里对弈、饮酒、喝茶，跟心爱的女子种田吃饭、相依相伴，定会很是幸福，这样的生活也算完满。可是自己才刚刚十五岁，何处才是自己的归处？家中还有拳拳期盼的老母亲，还有四个弟弟，自己不是孤身一人，所以归隐的念想也只能作罢。

王维将自己的想法告知母亲崔氏，本以为母亲会舍不得自己远行，没想到母亲竟然一口答应下来，没有丝毫犹豫。因为崔氏知道自己儿子的志向，她明白，风华正茂的少年不应被任何事情束缚追梦的脚步，她希望自己的儿子能够实现自己的价值和理想。作为一个母亲，她愿意每天在青灯古佛前为他们诵经积德，只愿他们能在未来的路上不要迷失自我。临行这天，崔氏将王维叫到屋中，拿出了连夜赶制出的衣服与鞋袜，细密的针线能让人很快明了，曾经有无数个夜晚，崔氏都在灯下密密地缝制着游子身上的衣衫。

她告诉王维："这一行，一定要好好照看自己的起居，家中诸事不必挂心。能够中举固然是好事，如若此次未能成功，也不要气馁。结交朋友要谨慎，切不可一失足成千古恨。"

王维明白母亲的用意，千言万语化作重重的一个点头，他暗自下定决心，一定要让母亲骄傲地迎接自己归来。

王维的远行游历并不是个人的行为，这在唐代有着悠久的历史。所谓宦游，顾名思义，为了"宦"而"游"，宦为入仕做官，游为游历，宦游其实质就是为了做官而外出，其起源可追溯到春秋战国时期的游说诸侯国以及客卿制度。在唐代，文人在考取进士之前，很多人都喜欢去节度使幕下做文官，像李商隐、高适等人都有过这样的经历。

此外，在唐代还流行着行卷制度。行卷制度常常被宦游的文人们所采用，具体做法是把自己写得自认为很精彩的诗赋写在纸上，做成卷轴的样子，进献给当时或在文坛有很高的地位，或在政坛上有说话权的人，如果能够得到他们的认可，就可以被推荐给当时科举考试的考官。考生在参加考试之前名气在外，自然会受到考官的青睐和肯定。唐代的很多文人都对行卷这种做法乐此不疲，著名的有杜甫，曾经在长安宦游十年，希望自己的诗文能得到当时名士的肯定。那时的杜甫到处招人白眼，他也真正看到了人间的疾苦，发出了"朱门酒肉臭，路有冻死骨"的感慨。

清晨天还未亮，启明星还挂在天上，王维就出发了。带着简单的行囊和盘缠，他踏上了梦想的旅程。长安和洛阳分别是唐朝的西京和东京，两地的繁华程度可想而知。王维从蒲州出发，想去长安要途经洛阳，所以王维打算先在洛阳寻求机会，如果没能成功，再到长安。从蒲州到洛阳，路程并不短，经过二十几天的奔波，他终于来到了洛阳。洛阳城虽不大，可是闻名遐迩的隋唐大运河途经此地，洛阳四通八达，交通便利，商业自然也就很是繁荣。

白天游览了一天，王维很是疲累，晚上在客栈中就着月光喝茶读书。夜色很静，不论白日多么繁华喧嚣，到了夜晚，所有的事物都归于它们原本的样子。也是在这样的夜晚，王维结识到了自己宦游以来的第一位朋友——綦毋潜。

綦毋潜，字孝通，江西南康人，是唐代有名的诗人，他后来的诗风与王维相近，其缘起不能不说这次的客栈相遇。

"小弟今日看见兄台举止不凡，想来也是进京赶考的秀才，不知兄台如何称呼？"

王维细细打量，眼前这位公子身材瘦削，身量偏高，身着白衣，头戴额冠，长髯及胸，看起来很是风流儒雅。他赶忙作揖回答道："不才王维，字摩诘，山西蒲州人。小弟今日初到洛阳，对这里一切都不熟悉，还望兄台多多指点。"两人细算一下年龄，綦毋潜竟年长王维九岁。

二人谈到作诗，王维拿出了自己在来洛阳路上，过秦始皇陵墓时有感而发写的诗歌。綦毋潜十五岁时就外出游历，不但对洛阳很是熟悉，也见识过洛阳官场中形形色色的才子，所以一看到王维的诗歌，就赞不绝口：

"贤弟的诗歌对仗工整，用典又极为贴切且不露痕迹。几笔就勾勒出始皇陵墓在荒草中的意象，简直如诗如画。后文笔锋一转，由景及人，由此及彼，抒发着'疑是大夫哀'的历史感慨，真是佳作！"

王维淡淡微笑，二人又谈论了一会儿诗赋，愈发觉得相谈默契，遂为好友，相约一起畅游长安。

人世间最珍贵的，莫过于真诚的友情。深切的怀念，像幽香的小花开在深谷。"人生得一知己，足矣，斯世当以同怀视之"，身在异乡为异客，朋友弥足珍贵。与綦毋潜的友谊，让王维每次想起都心存暖意与感激。綦毋潜是王维来到洛阳的第一个朋友，有了他的陪同，王维不再是孤身一人。结伴同游，虽然年少，虽然身无长物，可是那时的王维有希望，这是人世间最美好的东西。几日下来，王维对洛阳也比较熟悉了。这天，王维在綦毋潜的陪伴下去东市闲逛，两人在一处书画摊下停住了脚步，一幅水墨风景画吸引住了两人的目光。画中，湖边的树下，一位老者在小憩，明月照在松间，天空墨蓝纯净，这让王维想到了禅宗里的

行到水穷处，坐看云起时 王维诗传

坐忘。画虽简单，但画得空灵悠远，让人见而忘记尘世喧闹。这是王维最向往的美——自然之美。

王维对卖画人肃然起敬，他认真地作了个揖，开口道："学生王维，山西太原王氏长孙，素日里最是喜欢画。看到先生大作，很是佩服，不知能否向先生请教？"

对方看王维只是个乳臭未干的毛头小子，并未在意。每日有很多富家公子来到他的画摊前评头论足，却并非懂画之人，往往不明就里，与他们谈话也常常是鸡同鸭讲。时间久了，他也就不愿意理睬这些人了。王维知道对方当自己是无聊的纨绔子弟，不想理睬，于是越发确定对方一定在作画方面很有造诣，并且急于讨教，于是也不顾自己这样做是否失礼了。他铺开纸张，随手将墨泼在纸上，一会儿工夫，一幅泼墨山水画跃然于纸上。

"不才拙作，还请先生赐教。"王维谦恭地说。

卖画人这时才认真打量王维，知道王维同自己一样也是喜爱自然之美的人，于是三人聊了起来。聊到兴起，卖画人邀请王维和綦毋潜到自己家中欣赏一个屏风，这屏风是他的传家之宝。

屏风有一人高，云母石制成。云母石在唐代并不算什么奢侈的物件。可贵的是，这件屏风上有一幅天然山水画。说它天然，是因为这画并非人为，而是利用云母石的自然纹理当画而成，像是天然的山泉在流动，将自然美感发挥到淋漓，珍贵难得。王维见到这扇屏风，立刻诗兴大发，写下了现存王维集中最早的一首诗歌：

君家云母障，时向野庭开。

自有山泉入，非因彩画来。

——题友人云母障子

卖画人很是喜欢王维送他的诗，问清王维来长安的用意后，他建议王维首先去拜见爱惜文才的岐王。

岐王是唐玄宗李隆基同父异母的弟弟，名叫李隆范，是唐睿宗的第四个儿子。武则天去世后，公元710年，唐睿宗复位，晋封李隆范为岐王。岐王自小与唐玄宗亲厚，后来因为帮助唐玄宗诛杀萧至忠、窦怀贞等人，一时炙手可热。让王维拜访岐王，一方面因为岐王受到唐玄宗的信任，在朝廷比较有权势；另一方面，岐王以爱好人才著称，且雅好音律，而这些恰好都是王维的优势。

可是，初到洛阳的王维还没有完全领略洛阳的风光和才气，所以他决定先留下来，一则为了游览，二则也为到长安求仕做好准备。不想，这一留就是四年，王维偶尔靠着卖字画和为富家子弟写诗赚些外快，加上从家里带来的盘缠，足以度日。

第二章

初出茅庐，崭露头角

有才无人识

宝剑锋从磨砺出，梅花香自苦寒来。锋锐的利器必然要经历锻造，一身傲骨的人才也必然要经历挫折的磨难，这是历史必然的规律。每一个优秀的人，必然有一段默默无闻的岁月，这段时间里，他没有锋芒、没有机遇，他寻寻觅觅，最终在机遇到来的那一刻大放光彩。王维在洛阳游历四年有余，他觉得是时候到长安——天下最繁华的地方寻找机会了。

长安城本是隋朝的都城，当时叫作大兴城，后来唐高祖李渊定都于此，将大兴改名为长安。公元 626 年，唐太宗李世民发动玄武门政变，取得皇位后，他广开言路，虚心纳谏，不拘一格起用人才，开始了"贞观之治"。当历史的车轮在这一刻与长安城相遇，长安城登上了历史的顶峰俯瞰世界，其繁华程度让后世为之感叹。

长安的布局也体现了盛世的雅正与繁华。整个长安城呈长方形对称分布，从内至外分为皇城、宫城和外郭城三个部分。

皇城是皇帝和百官商议国家大事的所在地，是大唐王朝权力的中心地带。宫城是皇上的起居之地和后宫妃嫔居住的地方。而外郭城则是最大的地方，那里分为一百零八个坊，是平民百姓居住的地方。唐朝实行宵禁的政策，每到了晚上，百姓便不能走出坊。而盛唐的长安治安之好，也达到了路不拾遗、夜不闭户的程度。

坊内遍布寺院、府邸和住宅，还有两个市——东市和西市，是用来交易商品的繁华的贸易中心。这样的长安颇具盛世的气度，吸引着胡人、波斯人、高丽人等很多来自异域的商人、留学生。这些人在此地与汉人通婚、做官，盛唐的雍容可以容纳百川，也可容纳溪流，一时间成为人所向往的天堂。

王维到这里后，最直观的感觉就是繁华。长安城很大，只觉得很多人熙熙攘攘地穿行，有人叫卖，有人策马，有人乞讨，也有人游玩。盛唐的长安是人类历史上第一个人口过百万的城市，其规模是现在的西安的七倍之多。百万人口需要的日常用品之多，让各地的商旅聚集于此，整日往来络绎不绝。王维先找到了一个客栈落脚，跟店小二打听好了长安城的布局，心里盘算着明日自己要去哪里逛。他灵机一动，想起了母亲最爱佛学，所以决定去兴国寺看看，相传唐三藏从西域取回来的经书就收藏在那里。

第二日，迎着晨光，王维开始了他的长安一日游。兴国寺在夏侯村的西面，离长安城大概有三十里，王维走了半日才到。他还没等踏入寺门，一阵檀香萦绕鼻间，让燥热的王维顿时安静下来。古佛旁边念经的僧人心无旁骛，王维走到佛前，虔诚地膜拜。之后，王维又游览了长安其他的名胜。

王维想起了卖画人对自己的嘱咐，这四年来，以他对岐王的打探和了解，王维也觉得自己最应该先拜访这位儒雅的王爷。

翌日，晨光熹微，王维怀着满腔热情，带着自己曾经最为得意的诗作，走在去岐王府拜访的路上。这一整条街都是王府的宅邸，园内景致虽不得而知，但从伸出墙外的花枝可看出，美好的景致岂是院墙关得住的。王府正门威严大气，门前两只石狮子勇猛精神，上几级台阶后是王府正门。大门虚掩，用金属锻造，细看有盘龙花纹，只是比御用的盘龙少了若干龙爪和龙须。门的上方，有亲笔御赐的"岐王府"牌匾，庄重正式。门口有若干个家仆，看样子应该是负责通传的。王维虽然也是名门后代，可是与王府相比，王维的家实在是平凡，这气度让王维欣羡不已。王维整理好衣衫，恭敬地上前，递上了自己的名帖，希望门童能通传。这时，门口较为年长的仆人开口了：

"我家王爷去公主府赏乐了，你且到角门那里去等着吧，王爷回来我再招呼你！"

涉世未深的王维信以为真，施礼答谢后果然到角门去等候了。这王府的侧门不同于正门的器宇轩昂，反而设计得精致低调，别致又饶有趣味。王维正欣赏着门上的雕刻，门"吱呀"一声开了，出来了一个穿寻常衣服的妇人，说话间把一盆脏水泼出了院落，王维急速闪躲，险些沾到泥污。妇人抬头瞥了王维一眼，轻蔑地说："不要站在这里碍事！"王维还没反应过来，门

"咣当"一声又关上了。

日头爬上了正空，想来应该是用午饭的时候了，王维拿出自己早上走时备的干粮，随便吃了些充饥。晨起来时的兴奋劲早就过了，可王维不敢随意走开，怕王爷回来时自己错过了，只好疲惫地坐在石阶上等候。

炎热的夏季，树上蝉鸣愈发刺耳，虽然在父亲去世后家道中落，可王维也从没受过这样的苦，心里越发烦躁不安。这时，王维隐约听见有人议论："又一个百无一用的书生，让他等着就等着，真是不明事理！"那个又接道："看他年纪也不大，说话还带有口音，肯定不是长安人，你直接告诉他王爷今日不能回府不是便宜，何苦又让他在这里苦等？"

王维听得不真切，可是心中已有了疑问，但他又不敢贸然上前质问，只好忍气吞声继续等待。转眼间，太阳快落山了，眼看着今日不可能再有机会见到王爷了，王维只好失落地朝客栈走去。

暮色四合，蝉声依然鼎沸，可是温度慢慢降了下来，像是此刻王维的热情。白云不断地变化，由红变白再变灰，最后天空慢慢暗了下来，像王维现在的心情。游荡在街上，王维第一次有了游历在外的凄凉：偌大的长安城，何处才是我王维的落脚之处？小小的家奴都可以要弄自己，让王维很是愤怒。

这种愤怒不是对那些家奴，而是对自己的无能。他不明白自己究竟哪里做错了，更不知道从何处下手才对。骄傲的王维没有办法容忍自己再对这些家奴低声下气，所以决定次日去别处碰碰运气。回到客栈，王维准备跟綦毋潜商量一下怎么办，可到了门口发现早已人去楼空。店小二交给了王维一封信，是綦毋潜写的，因家中母亲病危，他匆忙中并未来得及辞行。信中劝慰王维，不管遇到什么困难，都要坚信自己的才华。

之后的几个月中，王维又去了宁王府、公主府、宰相府等许多达官贵人的府邸拜访，无一例外地都被挡在了门外。到处吃闭门羹，王维渐渐开始怀疑自己是不是投错了方向，满腔郁闷不知向何处抒发，只能作诗来排遣。其中有一首很能表达王维当时的心情。全诗韵脚协调，且章法整饬，自然又有风骨：

> 北阙献书寝不报，南山种田时不登。
> 百人会中身不预，五侯门前心不能。
> 身投河朔饮君酒，家在茂陵平安否。
> 且此登山复临水，莫问春风动杨柳。
> 今人昨人多自私，我心不说君应知。
> 济人然后拂衣去，肯作徒尔一男儿。
>
> ——不遇咏

诗中的穷途落魄之士正是王维，他困窘，他愤慨，可是他也无可奈何。欲仕，找不到门路；欲隐，可梦想还未实现。他进退维谷。宦游京都，自己经年未见家人。母亲是否又添了白发？弟弟们有没有用功读书？心爱的女子可还好？思念刻骨，他只能登山临水，借以排遣思乡的心情。这一年的宦游，他到处吃闭门羹。那些趋炎附势的仆人的嘴脸，那些只为自己打算的世人，都让王维感到憎恶。他常幻想自己做一番济世救人的事业，然后功成身退。

不知是流年辜负了韶华，还是时光蹉跎了岁月，在外游荡的王维学会了照顾自己的情绪，再也无心游玩的他明白了，即使是满腹才华也不一定有满床笏的机遇。十九岁，眼看着要到弱冠之年，王维却始终找不到出路。

在外多年，王维自己度过了一个又一个节日，每到节日是他最难过的时候。街景繁华，人声鼎沸，可是热闹和温情都是别人的，他孑然一身。但王维早已学会不再顾影自怜，因为他知道，梦想的路上只能踽踽独行。眼看着九月九重阳节又到了，身上带的盘缠也快要用尽了，可是王维一直遵循着登高望远、插茱萸和饮菊花酒的习俗。

重阳节在农历九月初九，"九九"谐音"久久"，有长久之意，所以古人常在这一日祭祖与推行敬老活动。在这样的节日里，王维对家人的思念愈发浓厚，想到家人肯定也与自己一样在登高和饮菊花酒。王维受到王勃诗句"九月九日望乡台，他席他乡送客杯"的影响，不禁吟出了那首千古名作：

> 独在异乡为异客，每逢佳节倍思亲。
>
> 遥知兄弟登高处，遍插茱萸少一人。
>
> ——九月九日忆山东兄弟

这是王维入长安所作的第一首诗歌，真挚的情感、贴切的描写，让王维在日后的拜谒中有了拿得出手的作品。重阳佳节，王维挂念母亲，想念弟弟，更思念远方的佳人。

他装好菊花酒，手持茱萸，登上了山顶。俯瞰山下，秋日的风让树叶着上了妆容，黄色的、红色的、墨绿色的，可这缤纷的色彩落在王维的眼中并未如诗如画，反而更添了凄凉。王维喝了一口菊花酒，这酒劣质得让人想马上吐出来。可是在这样的日子，何以解忧？也唯有"杜康"了。虽然说举杯消愁愁更愁，可王维没有别的办法。

风乍起，吹动王维的头发与衣袂，这一刻，他如此孤独。这种孤独并不意味着没有人陪伴，而是无人欣赏的孤独，让人更难以释怀。王维暗自下定决心，男子二十而束发，在二十岁的时候，一定要为自己寻一个明媚的未来。他一定要走出迷茫，走出阴霾，走出荒芜，走向灿烂的明天！

作完诗，王维的心中稍稍舒服了些。他又自信满满地下山了，回到客栈，细细筹划明日的行程，打算最后再拼一次。这时，阔别多年的好友綦毋潜竟然回来了！王维觉得这是上天在重阳节这天送他的礼物。

二人互相问候，王维才知道綦毋潜的母亲病逝，王维好言宽慰了綦毋潜好久。綦毋潜更是唏嘘不已，他在家丁忧守孝三年，今日才赶回来。王维也终于有人能倾听自己的遭遇了，不禁感慨岁月蹉跎使人老。思来想去，二人觉得还是得拜见岐王。说到三年后的科考，二人更是充满了希望。期望在科考之前能够拜见岐

行到水穷处，坐看云起时 王维诗传

王成功，得到岐王的引荐。

綦毋潜毕竟年长，对官场的事情比王维了解得多，知道鲁莽地去求见一定不会成功，所以二人商量着是否能够通过朋友引荐，可一时都想不出有什么朋友可以帮得上忙，也只好先行歇息，待到明日再想办法。

初见九公主

　　机遇垂青有准备的人，一个人只要够勤勉，他的运气总不至于太差。上天若是不给你想要的东西，那么它定会等待时机给你一个更好的，如果它没有给你更好的，那也不要着急，因为它会在远方等着你。此时的王维还不知道，正有一个很大的礼物等待着他。

　　第二日，王维和綦毋潜还是没有好的办法。王维一个人在酒楼里等着打探消息的綦毋潜归来。他坐在酒楼二楼里面窗边的一个幽静的位置，无聊地看着街上熙攘热闹的人群。秋日里虽然退了暑热，可是綦毋潜心中急着把消息告知王维，疾走起来竟热得大汗淋漓。上楼看见王维，他快步走过去，说话之前先把桌上的一杯茶一饮而尽。王维来不及调侃綦毋潜是牛饮，赶紧抓住了他问情况。綦毋潜到处打听，才知道长安的规矩。原来在长安，有道德的达官贵人大多和蔼可亲，可是他们的家仆就另当别论了，没有关系是不可能为不认识的人通传报信的。正所

　　行到水穷处，坐看云起时　　王维诗传

谓，小鬼难缠是也。这可急坏了王维，他和綦毋潜哪里有什么交情可以攀。

两人正焦灼着，綦毋潜突然不出声了，他说："贤弟，有没有感觉周遭有何不同？"王维会意，外面喧闹的街市突然安静了。隐约听到了锣鼓声，好像是什么大官要路过的开路声。王维赶忙招来店小二，问道："小二，不知为何街上突然安静了？"

"这段路是百官下朝后的必经之路，看这阵仗，应该是某位王爷吧！"

王维回头看着綦毋潜，綦毋潜会意，赶忙问道："以小哥的经验判断，如此这般阵仗的会是哪位王爷？"

店小二将手中的抹布往肩上一甩，故作沉思状。王维马上明白了店小二的用意，赶忙拿出几个铜钱："小哥辛苦，这钱拿去打酒喝吧！"店小二用手掂了掂铜钱，随口说道："这该是岐王吧。客官还有事吗？没事小的就先下去了。"

真是踏破铁鞋无觅处，得来全不费工夫。王维和綦毋潜打发了店小二，喊来店家结算了饭钱，赶忙下楼挤到看热闹的人群中去。二人挤到人群的最前面，只见仪仗威严，开头四个身着侍卫服饰的人手拿大牌匾，上面分别写着"回避""肃静"。然后是长长的仪仗队，队伍的中央，一个男子坐大轿鸣锣张伞而来。二人猜测这肯定就是岐王了，可是侍卫挡在前面，并没有机会接近，更遑论攀谈。这时，王维想到了一个好的办法。他拿出随身携带的箫，吹起了名曲《高山流水》。曲调时而高亢，像是在赞美高山的巍峨壮丽；时而婉转低回，像是溪流涓涓流过。最后，王维给曲子加入了一段寻觅的徘徊，像是在寻觅知音人。寂静的街景让箫声更加突出，音乐回荡在空气中，像漫天飞舞的樱花，喧闹的人群寂静了下来。

选择这样的曲子，王维有自己的用意。高山流水的典故出自俞伯牙与钟子期的故事。俞伯牙是春秋战国时期有名的乐师，他精通音律，琴艺高超。有一日，他在山中演奏乐曲，这时，一个经过的樵夫驻足细听。当俞伯牙演奏到赞美高山的曲段时，樵夫说："善哉，巍巍乎若泰山！"当俞伯牙演奏到赞美流水的乐章时，樵夫又说："善哉，洋洋乎若流水。"伯牙兴奋地放下了琴，高兴终于有人能听懂他的演奏了。得知樵夫的名字叫作钟子期后，遂引子期为知音。后来，钟子期因病去世了，俞伯牙就在钟子期的墓前演奏一曲，然后摔裂了琴，发誓不再演奏，因为他的知音不在，没人能够再懂得他的音乐。他王维是俞伯牙，当街吹箫，不知轿中人是否是钟子期，可以识才善用，当他的知音？

高山流水遇知音，若王维是俞伯牙，那何人才是王维的钟子期？仪仗没有停留地过去了，王维收起箫管，失落地转身准备离去。这时，一骑快马飞奔而来，凶悍的侍卫呼喊着带走了刚刚吹箫的少年，这可急坏了綦毋潜。他私下忖度着，王维的行为是不是犯了哪条律例，好像是在亲王仪仗前大肆喧哗？可这罪名到底有多重，要受到什么样的惩罚，綦毋潜完全没有概念。他焦急着，可也不知怎么办，只能先行回客栈等待。

王维五花大绑被侍卫推搡着押回了王府。一进王府，岐王就迎了出来。见到王维被绑成了粽子，他抱歉地笑笑，亲手给王维

行到水穷处，坐看云起时　王维诗传

松了绑。侍卫不明就里，岐王解释道："不是让你好好请人来，怎么绑着进来了？没你的事了，下去吧！"王维活动活动筋骨，才有空隙细细打量眼前这位权倾朝野的儒雅王爷。眼前的人真是一表人才，风度翩翩，头戴金额冠，面如美玉，目似明星。身着深蓝色长袍，举手投足间尽显天家风采。难怪世人都赞美岐王才貌双全，风流潇洒。王维赶忙下拜，岐王连忙伸出手来挽住，王维道："草民王维，太原王氏。久慕王爷大名，来长安许久，但一直未得拜见。今日草率，叨扰了王爷的仪仗，万望王爷恕罪。"

听到是太原王氏，岐王问道："可是王胄王大人后代？"

王维告诉岐王，自己是王胄的长孙。岐王想起当年听王胄演奏的情景，不禁细细打量王维，发现还真有五分相似。

"既是太原王氏的后代，想必定是在诗书上有长处了。"

王维赶忙拿出自己曾经写的诗歌给岐王看，其中有一首是自己前几天刚写的怀古诗：

> 汉家李将军，三代将门子。
>
> 结发有奇策，少年成壮士。
>
> 长驱塞上儿，深入单于垒。
>
> 旌旗列相向，箫鼓悲何已。
>
> 日暮沙漠陲，战声烟尘里。
>
> 将令骄虏灭，岂独名王侍。
>
> 既失大军援，遂婴穹庐耻。
>
> 少小蒙汉恩，何堪坐思此。

深衷欲有报，投躯未能死。

引领望子卿，非君谁相理。

——李陵咏

岐王反复吟咏，觉得王维写得别具一格。这首诗的题材显然是来自《史记·李将军列传》和《汉书·李广苏建传》，但是王维并没有简单地复述历史，而从李陵是"三代将门子"的出身着笔，着重写他对敌作战的勇武精神，表现他对汉室的忠心，对他"遂婴穿庐耻"的不幸结局和"深衷欲有报"的心迹表示同情。同样是咏史，王维却写出了自己的心意，表达了自己的愿望。

"今日闻听你的曲乐如此美妙，就知你一定是善音律之人，现在看你的诗作，可见是才气逼人。"

"王爷谬赞，不才拙作，入不得王爷慧眼。"王维赶忙自谦道，其实心里早就高兴得开了花。

这一日，王维与岐王相谈甚欢，岐王爱惜人才，听闻王维还和友人一起住在客栈，所以邀请王维和綦毋潜到岐王府做客。王维也不是扭捏的人，一口答应了下来。准备晚上回到客栈告诉綦毋潜这个好消息，想必他一定急坏了。

王维回到客栈，还没来得及喝口茶，就赶忙去到綦毋潜的房间，兴奋地喊着："綦兄，綦兄，有好消息！"王维把今天遭遇的一切都告诉了綦毋潜，綦毋潜长吁了一口气："我还以为你犯了什么大罪，被官府抓走要下狱呢！"

"我被绑着进了王府，自己也想着凶多吉少，却不曾想王爷

行到水穷处，坐看云起时　王维诗传

如此礼贤下士，亲自出门迎接，没有一点架子，很好相处。"

"还说呢，以后切不可如此鲁莽了，今天算是万幸。"

王维告诉綦毋潜王爷邀请做客的事情，两人收拾好行囊，第二天就去了岐王府。昨天王维进来的时候也不曾好好观察这王府的气派，只一味担心着自己的安危。这次却不同，二人在岐王的引领下，好好地游览了王府。

谈笑间，王爷听说王维打算参加下次的科举，劝阻道："这次科举其实已经定了下来，公主曾授意京兆试官，要以张九皋为解头。"但是王维还是想参加，所以请王爷帮忙想办法。

王爷虽然权势很大，却不及这位公主。王维细问才知道，这位九公主大有来历。九公主封号为玉真公主，名叫李持盈，字玄玄，是武则天的孙女，唐玄宗李隆基同父同母的亲妹妹。她从小跟唐玄宗一起长大，很受玄宗的爱护。王爷不能跟公主竞争，只好让王维用自己的才气去征服公主。

"九公主最喜音律，改日我带你去拜见九公主，你一定要把握好机会。"王维郑重地点头，告诉自己一定要抓住这次机会。王维虽然随身携带箫，但他最擅长的是弹琵琶，所以他决定这次倾尽所能演奏一曲。

过了几天，岐王给王维准备了华丽的衣服，王维带上琵琶，一同到了公主宅第，说是带酒乐来为公主奉宴。王维面若白玉，风姿俊美，非常惹人注目，一到席间便吸引了大家的关注。公主看见王维后，问岐王："廊下的公子是何人？"岐王回答说："是个善于演奏乐曲的人。"说完便让王维给公主独奏新曲。王维弹抚琵琶，声调哀切真实，满座宾客无不为之动容。公主问王维弹的是什么曲子，王维起身恭敬地回答道："是《郁轮袍》。"公主感到很惊讶，也非常高兴。

岐王马上对公主说："此人不仅仅擅长弹琵琶，他写的诗歌更胜于音乐，说到诗歌，竟是无人能够超过他了。"公主惊讶地问道："与太白比何如？"岐王答道："丝毫不逊色于太白，二人各有风格，无法比较。"听到岐王如此说，公主更加感到惊奇，所以问王维是否有写好的诗歌。王维从怀中拿出早已准备好的行卷，双手献上，说道："这些都是草民在长安和洛阳几年的习作，还请公主指教。"公主看过王维的诗歌，惊讶不已，说："这些诗歌都是我诵习过的，我一直以为是古人的作品，没想到竟然是你写的！"于是公主让王维离席更衣，不把王维当作优伶看待，而升于宾客之列。

王维风流蕴藉，而且说话幽默风趣，大为座中的贵客欣赏。岐王看见公主对王维的才华很是喜爱，又有宾客在旁说好话，他看似无意地说道："如果今年的京兆府应试，此人能够成为解头，实在是朝廷幸事。"公主听到后，问："那他为什么不去应举呢？"岐王说道："我听说今年的解头已经给了张九皋，所以王维并没有高中的机会。"公主笑道："前儿一个贵客，来我这里为张九皋求情，希望能嘱托一二，让他夺得今年的解头。我想着没什么要紧，也就答应了，哪里是我要给张九皋。"公主随即对王维说："如果你要应举，我当全力推荐你。"得到公主允诺的王维，觉得自己马上就要骑上高头大马，衣锦还乡了。

所有的偶然汇成必然，机遇在不经意间落在王维的头上。他准备了近二十年，终于到了圆梦的时候了。缘起性空，万事万物都是因为"缘"与"合"而联系在一起。万事皆因果，参悟在本心。若为凡尘扰，且须修缘因。也许这一切都是命中注定的渡世。时候未到，就必定要经历那些命中注定的尘世之事。

　　那个曾经在庭院中聆闻细雨、品观黄花的少年，上天赐予了他无人能有的聪慧才智：精于写诗赋词，美词好句自驻于心，神汇于口，又工于书画，万千笔墨胸有成竹，所绘之处，行云流水仿若心动。他不知，自己即将迎来人生中最为春风得意的时候。

金榜题名时

　　时光荏苒，日月轮回，几多光阴坠。物是，人非。明月一轮，复挂苍穹，世间的轮回，让这片深沉的土地铭记了多少岁月的蹉跎。人的生命看似漫长，实则短暂，度过的那所谓的漫长时光，在长河的岁月里，不过是弹指一挥间。开元八年（公元720年），王维二十二岁，已经在长安度过了三个春秋。

　　初冬，雪后初霁，阳光有些耀眼，偌大的长安在白雪的掩盖下，又偷偷地干净了一回。街旁边不知是谁堆起了大大的雪人，用胡萝卜做成的鼻子伸出来，很是滑稽。一群淘气的孩童相互追逐着，打闹着，他们的鼻头都冻得红通通的，可是玩得格外开心。王维想起了小时候和弟弟王缙一起在雪中嬉戏的情景，儿时的记忆一股脑涌上心头。王缙很是调皮，有一次，他偷着穿了自己的衣服，在雪地里站着，害得母亲认错了人，一直喊着"维儿快点回来，外面雪冷，小心冻坏了身子"。王缙回头想跑，不想哥哥的衣服大了许多，竟被绊倒在地上，结结实实地摔了一跤。想到这里，王维笑了。弟弟可又长高了？不会像以前那么淘气了吧。

王维摇摇头，不能再沉浸在回忆里了，今天有更重要的事情要办。带着兴奋的心情，他走在去户部的路上。今天是科考报名的第一天，王维期待已久的时刻终于到来了。寒窗苦读数十年，终于有了可以展示才华的机会。王维分外谨慎，生怕一不留神出了纰漏，浪费掉他和岐王辛苦争取来的机会。

王维小心地上交了早已准备好的文解、家状和结保文书，开始了静静地等待，等待审核通过。文解是州府的推荐证书，有一定的格式，由考生所在的州官颁发。一般只要不是伪造的，都可以通过。王维为了证书，特意不远跋涉回到家乡，文书并非伪造，所以不必担心会无法通过。家状用来介绍考生的籍贯、家庭背景和家庭成员，以及考生的容貌，其实就相当于今天的准考证。家状的书写要有一定的格式，而对格式的审查极其严格，王维听说以前有人因为一字之差没有通过，就没能参加考试。

值得庆幸的是，王维虽然第一次应考，可是有公主和岐王的帮助，家状定不会出现问题。最后就是结保文书了，结保文书是考生在道德方面的鉴定书，相当于今天的政审材料，王维自信没有品行方面的缺陷，所以也不必担心过不了。通过详细的分析，王维觉得自己没有问题，所以才能悠然自得地在旁等候。果然，王维顺利通过，依照规矩，王维和山西考生们一同去了山西官府在长安的办事处，拜见了长官后就回到住处，开始着手准备考试用品了。

前文已经提过，唐代的科举考试有进士科、明经和武举，武举是选拔武官的考试，文官都要参加进士科或者明经。而在进士科和明经中，又属进士科考试最难，报考人数最多，因唐朝大部分宰相都是进士出身，所以进士科很受重视。王维自然是报考了进士科。

考试在来年的二月进行，也就是开元九年（公元721年）。清晨，天空方泛起鱼肚白，王维就要从住处出发了，因为举子们在卯时就要入场，大概相当于现代的五点左右，所以王维要提前早起以免迟到。到达考场后，考官的助手开始在门口唱名，当叫到"山西太原王维"的时候，王维赶忙上前。在确认过是王维本人，并且搜身确保没有夹带抄袭后，王维被批准进入了考场。

考场里面是两个回廊，每个考生有单独的房间，里面除了有笔墨纸砚外，只有单薄的席子一张。回廊的尽头，有一个可以生火烧水的火炉，考生有什么需要都得自己动手。寒冬腊月，冷风从回廊中呼啸吹过，王维打了一个寒战。要在这样的环境中待上一整个白天和半个晚上，不好好准备还真是吃不消。王维看看简陋的装备，心想，胜败在此一搏了！

考试一共分三场，每场都有被淘汰的可能。王维看着一个一个的考生垂头丧气地走出去，心里很不是滋味。寒窗苦读数十年，顷刻间便失去了机会，看了让人不禁要心酸。不过他也无暇他顾，打起精神来好好应对考试。当三烛燃尽，考试结束的钟声响起来了，王维长吁一口气，起身整理好试卷，从容地上交到考官的手中。既然人事已尽，剩下的就听天命吧，王维这样劝慰自己。

出了考场，筋疲力尽的王维又饿又冷又困，心中还惦记着好友綦毋潜考试是否顺利。所以他也没顾得上找个地方喝口热茶，就匆匆赶回住处了。刚进门，王维就看到了綦毋潜沮丧的神情，心中明了，但免不得劝慰几句。王维开口道："綦兄不必多虑，待到皇榜张出那一日，自有分晓。兄之才华，大家有目共睹，一定会有好结果的。"綦毋潜只能叹气，说道："承你贵言，但愿，但愿！"

放榜这日，人山人海，挤得都透不过气来。王维和綦毋潜远远地站在人群之外，怀着忐忑矛盾的心情，谁都不敢上前去看榜，害怕自己真的榜上无名。可是，心中还有一点期待，期待自己得偿所愿，金榜题名。该来的总是要面对，王维狠狠心，挤到人群最前面，从上往下搜索着。他看到了！有王维的名字！他成功了！喜悦之情溢于言表。可是继续往下找，却没看到綦毋潜的名字。王维心中很是郁闷，不知道怎么告诉綦毋潜这个坏消息。这时，綦毋潜也挤了进来，看他的表情，显然已经知道结果了，脸上是一种既释然又难过的表情。他们又挤出了人群，綦毋潜反倒安慰地拍了拍王维的肩膀。

既然没有中榜，綦毋潜就打算起身回乡，去看看母亲的坟墓是否需要修葺，在外游荡久了，也想回家探望兄弟姐妹们，所以他决定第二日起身。王维知道了綦毋潜的想法，什么都没说，只在綦毋潜出发的时候，郑重地送了他一首诗歌，来表达自己的依依不舍之情：

> 圣代无隐者，英灵尽来归。
> 遂令东山客，不得顾采薇。
> 既至君门远，孰云吾道非。
> 江淮度寒食，京洛缝春衣。
> 置酒临长道，同心与我违。
> 行当浮桂棹，未几拂荆扉。
> 远树带行客，孤村当落晖。
> 吾谋适不用，勿谓知音稀。

——送綦毋潜落第还乡

王维一直认为綦毋潜是贤能之士，这次的落第只是运气不好。贤才未能被征召，王维替綦毋潜觉得可惜，可是他更为唐玄宗可惜。人才是国家之本，开元中，唐玄宗虽然也征召人才，但许多贤能都未能被任用，所以诗中有"君门远"之叹。但整首诗还是围绕着送友人还乡，层层深入，娓娓道来，对朋友怀才不遇的同情和劝慰，委婉尽致。綦毋潜看了很是感动，他郑重地许下诺言，一定会再回长安，与王维一同实现梦想。

送走綦毋潜，王维去参加了专门为举人们准备的鹿鸣宴。《诗经·小雅·鹿鸣》中有"呦呦鹿鸣，食野之苹。我有嘉宾，鼓瑟吹笙"之语，鹿鸣宴的名字就是出自这里，借以表达招贤纳士成功的喜悦。

宴上丝竹和鸣，觥筹交错，王维长这么大，从没参加过这么热闹的宴会，看见这么精致的美食。有时，他怀疑自己是否在做梦，这黄粱一梦会不会在梦醒后变成一场空？他又觉得自己的想法很傻，他做到了，他把成功攥在手里，向往着更大更好的梦。他可以衣锦还乡了，作为在外游荡这么多年的交代，这个结果母亲会满意的吧。宛如也会满意的，想着自己即将娶到心爱的女子，王维感觉更加幸福了。

在这鹿鸣宴上，王维可谓一枝独秀。他面容白皙，长得倜傥俊美，而且才华横溢，又是公主和岐王亲自推荐的新科进士，以后自然会官运亨通。无论是倾慕王维的才华，还是看重王维以后在官场能有所作为，大家都来和王维攀谈交流，一时之间，王维成了宴上的中心，格外受到青睐。这种青睐没有因为鹿鸣宴的结束而终止，反而愈演愈烈。一时之间，王维竟然成为京城各大家族竞相邀请的座上之宾。

此时王维的名声，仿佛就像那春笋般，在这新雨后的一夜之间，名浸京城。王维就这样被这片福祥的土地上所有人熟识，权势的贵族们争相邀请王维来到自己府内，听闻王维之行迹，无不拂尘相迎，奉为上宾，仿佛王维的到来，会让这本已经金碧辉煌的大殿香楼更加引人注目，会让人们觉得这宏楼之内的主人，并不是肥头大耳的昏庸之人，而是那清风盎然、书香满园的学识之人、伯乐相马的有识之士。

王维的来访，无疑是让这表面上看盘盘金碧的生冷琼楼和里面那些所谓的权势贵族实则毫无精神价值的人们显得更有品位，让这物质丰富但文化匮乏的"陋室"蓬荜生辉。被推崇的王维受到了王公贵族的宠爱，每每欢宴，必邀王维兴诗作画，以助兴致。

王维似乎成了一种品位的标志，王维在的地方，就是文化富集的场地。而每一个邀请到王维的权贵，都在为所谓的提升了自己的文化品质而沾沾自喜。

然而就在这觥筹交错、歌舞升平的生活当中，那个曾经的小摩诘并没忘记当年父亲的话："保持一颗菩提之心。"只是这要生根发芽的心之菩提需要一个怎样的土壤？父亲当年并没有告诉他，只是说万物之变，皆因心动，而其中真正的道理，只有靠自己修行体味。少年的王维对于父亲的话，依旧困惑，但谨记父亲的每一句教诲，并寻找着最终的答案。

王维的才华在官员任命时被充分考虑到了，王维被任命为太乐丞，两个月之后上任。音乐是王维的爱好，担任这一职务，王维自认为完全可以胜任。这两个月的时间，王维有好多事情要做。他要回乡陪伴母亲，要去接等他多年的伴侣。"宛如，你的良人马上就归来了，等我，千万！"

金榜题名时，洞房花烛夜。人生最幸福的时刻，王维正在或者将要经历。此时是王维一生中最春风得意的时刻。王维在不惑之年以后，官做得更大，文学地位更高，更加受人尊敬，可那都不能算作春风得意。因为那时，这些身外的名誉已经不是王维所追求的了，所以他可以不在意，可以时常隐居，过着半隐半仕的

行到水穷处，坐看云起时　王维评传

生活。可是现在不同，现在他所追逐的全都实现了，人生最幸福的时刻不就是夙愿得偿的美满吗？所以，在王维的嘴角，常常能溢出幸福。

归乡人成双

雍容的盛世大唐，让这个初出茅庐便尽显天赋、才惊世人的天之骄子如鱼得水。人应天命而一鸣惊人，天之才子，顷刻间便成了喧闹的都府长安城人人所热议的话题。多才的王维，更是成了皇城内王公贵族的宠儿。

早春之日，万物都换了新装。紫色的早梅，白色的梨花，娇艳的杏花，温柔的桃花。黄莺歌声婉转地穿梭在空气中，嫩柳刚刚抽芽，不知是谁家的女儿站在树下折取绿色的柳枝，见人含羞微笑却倚花相映，香粉气被春风吹散开来。王维想起了表妹，他的宛如是否也如这般，其华也灼灼？王维告诉自己，是时候去履行自己的诺言了。花开堪折直须折，莫待花落空折枝。

来长安的路途是艰难跋涉，因为心怀忐忑、希望和不安；归家的行程却是春风得意马蹄疾，他终究没有辜负自己的八年，没有辜负母亲的养育，没有辜负弟弟们的期待，没有辜负宛如的等候。收拾好行囊，辞别岐王和九公主，王维踏上了回家的路途。

他满心欢喜，衣锦还乡的喜悦让他的心情一直保持晴朗。

回到蒲州，王维驻足良久，心中有千言万语去感慨。旧院古城依旧在，昨夜星辰照新人。人的一生，不过是时空中的一个阶段，就像是一种结界，在这范围之内，有的人缄默一生，有的人腾达一世。但无论怎样，在这时空当中，终究走不开，离不去，逃不出。

也许，每个人都是这百花园中的一朵花儿，时空流转，自生自灭，能做的，也只是芳香一方土壤罢了，却终究逃不出命运的轮回。化作泥尘，淡出尘世。自愿也好，被迫也罢，总要去经历，无论悲伤喜悦，无论愤怒欢乐。用心去体会，万事万物，皆因心动，喜怒哀乐，自由心生。控制世道，终究是难事，能做的还是在于人本心。只是若不经历，怎肯轻言于此。而这经历便是心的修行。佛陀自在人心，但也需要寻找。风雨阑珊，纸醉金迷，无论心之何方，缘分之致，便可灵光一现，自见菩提在心中。

远远地，王维看到了那个熟悉的门庭，简陋却温暖了王维的心。家，自己已经多少年没有过这种感觉了。十五岁出门在外，八年了，王维也从乳臭未干的男孩长成了棱角分明的成年人。母亲没有能够为自己举办弱冠之礼，王维能够体会母亲的遗憾和想念。可是今天，到了家门前，王维竟然踟蹰了。近乡情更怯，王维怕看到母亲苍老的容颜，怕看到弟弟们不敢相信的眼睛，他们是不是还一如自己走时的模样？家里还是那么清贫吗？亲人们过得怎么样？自己在长安了阅尽了繁华，尝尽了美食，是时候让家人也重新拾回久违的生活了。

王维高中的消息早已传回家里了，门口简单地装饰了喜庆的红绸子。鸡鸣响起了，炊烟缓缓从烟囱升起，人间又有了生气，王维红了眼圈。他张开双手，用力推开紧闭的大门，他回家了！

　　堂前，王维"扑通"一声跪倒在母亲崔氏面前："儿子回来了，母亲！孩儿不孝，这么多年游荡在外，没能在母亲跟前尽孝。"崔氏也不过四十左右，这么多年的操劳让她的脸上有了岁月的痕迹，可是并不苍老，她很安详。她抬起手，抚摸着眼前长大成人的儿子，眼里满是泪花："我一切都好，看到你有今天的成绩，我很是欣慰。这么多年在外，你清瘦了。"王维明白母亲的泪水，是心疼自己多年的飘荡，是看到儿子时候的欣慰，更是为自己得偿所愿感到高兴。"孩儿已经有能力孝敬母亲、照顾弟弟们了，这次回来，希望母亲能和弟弟们随我一起去长安。孩儿已经错过了八年，剩下的时间里，请母亲让孩儿照顾您。"子欲养而亲不待，王维不会让自己活在这样的遗憾中，既然已经考中进士，王维没有理由不给母亲和弟弟们更好的生活。崔氏让王维和弟弟们见面，自己转身去了厨房，她要亲手为这个多年在外的儿子做一顿可口的饭食。

　　王维回到了自己的房间，这里还是原来的样子，而且一尘不染，可见这八年来，母亲时时为他打扫着房间，等待着儿子的归来。弟弟王缙推门进来，他还和以前一样不拘小节，开朗热情。兄弟俩紧紧拥抱，多年不见，亲情却依旧，毕竟血浓于水。王维看看弟弟，他已经不是原来那个流着鼻涕的顽皮小孩了。眼前的少年，宛如风度翩翩的贵公子。"缙儿你也到了科考的年龄了，可愿意随我一道去长安，谋取功名？"王维征询弟弟的意见。其实，以他对弟弟的了解，哪怕自己不开口，王缙也会主动要求的。果然，王缙爽快地答应了。兄弟俩亲密地对了对拳头，这是他们从小的习惯，是鼓励，也是承诺。

进京应试，也许这都是命中因缘注定的修行，无论前途顺利与否，终要自己去走一遭，经过了，品味过了，才知道凡事的真真假假，复转轮回。就好像儿时那串念珠上的点点水滴，无论哪一颗，都折射着一个世界。透过虚幻，折射现实，看似无意，实为淡然。始终用第三者的角度去审视这世间万物，石阶上那娇弱的黄花在入秋的风雨中瑟瑟颤抖，但在念珠水滴之中，这花儿，仅仅是花，那雨，仅仅是雨，而秋风，仅仅是这柔花的轻微抖动。万象皆在，看似无情。其实，这无情只是经历过之后，唯有的丝丝淡然。

说话间，饭食已经好了。一家人团聚在桌边，王维看着满桌子都是自己喜欢的菜式，他非常明白母亲的苦心。没有繁复的装饰，也不算色香味俱全，跟王维品尝到的琼林宴完全不能相提并论，可是王维觉得这饭菜异常的香，因为这里有亲情的味道，有爱的味道。

用过早饭，王维迫不及待想要去看看自己的表妹。他有些迟疑，不知眼前的人是在梦中还是在现实中。因为今天的宛如穿了他们相遇时候的衣服，十年前人群中的惊鸿一瞥，让他们相恋到了如今。

可不知怎么，王维看着眼前的人，心中竟有一丝陌生，许是太久不见了，流年让容颜生出了沧桑的感觉。

二人都愣在原地，那一瞬，是回味，是难以置信，是久别重逢时的不敢相信。宛如眼中，这个她八年来日日思念的男子，终于回来了，只是他也变了模样。长年的风霜让他更加有棱角，更加成熟，更加深沉。王维缓缓走近，轻轻牵起宛如的手，呢喃着："我回来了，如果你愿意，我愿意用一生的时间填补这八年的空白。"宛如红了眼眶，她等这句话等了八年，她盼他盼了八年，终于，她这份心意没有被辜负。她腼腆地点了点头，算是答应了。

　　这天刚好是上巳节，所以二人相约一起游春。

　　上巳节俗称三月三，是中国汉族古老的节日。若论其起源，可以上溯到伏羲的时代。传说中伏羲和女娲以土造人，繁衍后代。所以为了尊奉二人，人们在淮阳建立了太昊陵古庙。每年的农历二月初二到三月初三是为庙会，善男信女云集于此，朝拜人类的祖先，上巳节由此而来。汉代将其定为节日。"是月上巳，官民皆絜（洁）于东流水上，曰洗濯祓除，去宿垢疢（病），为大絜。"（《后汉书·礼仪志上》）后又增加了临水宴宾、踏青的内容。魏晋以后，上巳节改为三月三，后代沿袭，遂成汉族水边饮宴、郊外游春的节日。

　　到了上巳节这一天，人们习惯把荠菜花铺在灶台上和坐卧之处，以取驱除蚂蚁等虫害之意；把桐花藏在毛衣、羽衣之内，认为衣服可以不生蛀虫；妇女把荠菜花戴在头上，认为可以不犯头痛病，晚上睡得特别香甜。城乡人民还登惠山、鸿山、斗山、西高山踏青。

　　王维想起了《诗经》中的诗句，随口吟道："溱与洧，方涣涣兮。士与女，方秉蕳兮。女曰观乎？士曰既且。且往观乎？洧之外，洵讦且乐。"

宛如会意，微微一笑，接着说道："维士与女，伊其相谑，赠之以勺药。溱与洧，浏其清矣。士与女，殷其盈矣。女曰观乎？士曰既且。且往观乎？洧之外，洵讦且乐。维士与女，伊其将谑，赠之以勺药。"

这首诗出自《诗经·郑风·溱洧》，描写的是上古时期，一对情侣在上巳节出外游玩的情景，在这里吟咏恰如其时。想到这，王维有了自己的诗：

清溪一道穿桃李，演漾绿蒲涵白芷。
溪上人家凡几家，落花半落东流水。
蹴鞠屡过飞鸟上，秋千竞出垂杨里。
少年分日作遨游，不用清明兼上巳。

——寒食城东即事

宛如和王维的爱情就是在这样的基础之上构建的，他们生活在同样的维度之中，共同的兴趣和修养让他们一步一步地走向对方内心的最深处。

游玩尽兴后，两人分开了。王维回到家中，跟母亲说了和宛如的亲事，在母亲和弟弟们的帮助下，王维顺利迎娶了宛如。试想，新科进士娶亲，王家又是大家族，其热闹程度可想而知。

终于到了王维能和宛如共处的时间了，二人因音乐相识，因画结缘。刘氏一等就是八年，丝毫没有怀疑过王维会辜负自己。王维除了爱，对刘氏更有尊重和感动。刘氏又通诗书，是王维很好的知音。

王维拿起了琵琶，焚香净手后，独坐廊下弹奏起来。幸福从指间中溢出，宛如摘下凤冠，只着霞帔。一抹鲜红的颜色，在皎皎月光下，配合王维的音乐跳起舞来。宛若游龙，翩若浮云，都不足以形容宛如的舞姿。廊下男子，轻拢慢挑，指尖跳动在琵琶弦上；眼中美人，翩跹起舞，宛若仙子下凡。微风轻轻拂过，吹落了院子里的樱花，漫天飞舞的樱花中，一个红色的身影像是美丽的蝴蝶在风中飞翔，不但美，更有一种生命的力量。

这是属于王维和宛如的新婚之夜，美好，纯净。这副美景一直存留在王维的脑海中，当他在弥留之际，眼前看到的就是这副场景，无限的怀念化作了对刘氏的无尽相思。他们终于可以重逢了，这次宛如等的时间更久，三十年，她还会像年少时那样，坐在镜前梳妆，等着对方来画眉吗？

记得当时年纪小，你爱谈天我爱笑。不知不觉睡着了，梦里花落知多少。

第三章

命运起伏，世事难料

总是离人泪

　　快乐祥和的时光总是过得很快，两个月转瞬即逝，王维又要离开了。两个月间，王维觉得自己经历了天下最美好的事情。王维想要带着母亲一起去长安，不料母亲却选择带着其他几个弟弟留在家乡。

　　"为娘如今上了岁数，身体越发不如从前硬朗了。此去长安，路途遥远，长途奔波不说，到了长安还需要人照顾，不如就让我和你的弟弟们在这里继续生活吧。"崔氏如是说。母亲希望王维和宛如举案齐眉，希望王维到了长安好好照顾弟弟王缙。王维觉得这是意料之外，却也在情理之中。他明白老人家安土重迁的心情，也知道母亲近几年对佛学的痴迷，师事普寂三十余年，母亲整个人祥和安然。王维在家中闲来与母亲谈禅，母亲的智慧常常让他自叹不如。

　　盛夏时分，天气暑热难当，王维和弟弟骑马在前行走，丫鬟玉儿陪着刘氏坐在马车中。蝉鸣，还有温热的风都昭示着旺盛的生命力。宛如知道夫君的职位已经定下来了，是太乐丞。太乐丞是太常寺下太乐署官职，从八品下，掌乐之官，相当于在朝廷负责礼乐方面事宜的官职。

中国古代历代的官制都分中央和地方两个方面。地方从秦始皇开始创立了郡县制，以后就一直沿用下去。除了汉代时郡县制与王国并存外，其他各朝无一例外都采用这个制度，只是在具体形态和叫法上略微不同。中央官制就变化很大了。唐朝的中央制度是三省六部制。三省主要是尚书省、中书省、门下省。三省长官的职权相当于丞相，是整个朝廷权力的核心。六部指的是吏部、户部、礼部、兵部、刑部和工部，各部各司其职，分别掌管官员的升迁、户籍的统计、礼仪制度、军队、刑法和建筑等事情。

除此之外，中央还分别设置监察机关和事务机关。监察机关主要指的是御史台，其长官和职员负责中央到地方的监察事务，监督范围上到帝王，下至百官。事务机关有九寺、五监、诸卫和诸监。王维的太乐丞职位隶属于九寺中的太常寺。太常寺设有太常博士四人，从七品上；太祝六人，正九品上；奉礼郎二人，从九品上；协律郎二人，正八品上。下设郊社署、太乐署、鼓吹署、太医署、太卜署。太乐署有乐正八人，从九品下；开元二年（公元714年），京、都皆置内教坊使。鼓吹署亦有乐正四人，从九品下。王维的职位正是太乐署的太乐丞。虽然离权力核心很遥远，可毕竟是中央的职员，升迁指日可待。

王维带着妻子和弟弟一行人回到了京中的家里。住处虽然不大，可是装饰得精巧雅致，住起来很是舒服。安顿好家眷，王维便带着王缙去拜见岐王李范。唐玄宗李隆基登基后，因要避讳，所以岐王李隆范改名为李范。王缙见到岐王，未等哥哥引荐，纳头便拜，激动地说："草民久仰王爷是贤王，今日终得一见，死也足矣。"

王维赶快为王爷引见了自己的弟弟。王缙与王维只相差一岁，且颇具才名，长得又风流倜傥，深受岐王的喜欢。且王缙为人更为灵活，一日交往下来，岐王就答应了下次科举推荐王缙。岐王还告知王维："你的上司高凤成是皇上身边红人高力士的亲戚，此人断不可得罪。"王维赶忙说："谢王爷提点，维自当留意。"可是王维是个很有傲气的人，十分瞧不起高力士这样媚主的宦官，顺带着连高凤成也一起鄙视了。

明日就要上任了，王缙建议哥哥给几位上司带去礼物以表敬意。可是王维不屑于做这样的事情："我凭自己的才华做事，拿的是国家的俸禄，各司其职，难不成他们还会为难我不成？况且世人尽知我与岐王交好，想必不会为难我的。"王缙只能作罢。

来到衙门，王维一一拜见了自己的上司。四位太常博士倒是为官清廉，没想到自己的顶头上司竟然这般不堪。这高凤成长相猥琐，仗着自己是高力士的亲戚，常常出言不逊。今日又看王维新上任，竟然不知道给自己带礼物，所以生气地说："想来这就是大名鼎鼎的王维了，我以为是多么灵透的人物，不过也是一颗头、两只手罢了，竟是个木头人！"王维并未与其一般见识，自己工作勤勉，一时间也没有什么错处可以被拿住，倒也相安无事。

转眼七夕到了，这日王维正闲来无事，坐在椅子上作画。画为泼墨山水，颇有诗意在其中。只见王缙兴奋地走进来，手里拿了一张纸，纸上不知写了什么东西。口里大声说："哥，快来读好诗！"王维笑吟吟地起身，且看这诗：

> 闺女求天女，更阑意未阑。
> 玉庭开粉席，罗袖捧金盘。
> 向月穿针易，临风整线难。
> 不知谁得巧，明旦试相看。
>
> ——祖咏《七夕》

七夕节又叫"乞巧节"或"少女节""女儿节"，在每年的农历七月初七。这个节日起源于汉代，东晋葛洪的《西京杂记》有"汉彩女常以七月七日穿七孔针于汉代画像石上的牛宿、女宿图开襟楼，人俱习之"的记载，这便是我们于古代文献中所见到的最早的关于乞巧的记载。在古代，节日的活动内容以未出阁的少女向上天祈求一双巧手为主，是姑娘们最为重视的日子。在这一天晚上，妇女们穿针乞巧，祈祷福禄寿活动，礼拜七姐，仪式虔诚而隆重，陈列花果、女红、各式家具、用具都精美小巧、惹人喜爱。这首《七夕》写的就是这样的场面。读罢，王维赞道："好一幅闺女穿针图！这是谁的诗？写得犹如画作。"

王缙说这是自己在岐王府得的，作诗的人叫祖咏，生得一表人才。自己已经和祖咏相约，让他今晚到家中一聚。王维赶快让下人准备好了酒菜，等着这位志趣相投的朋友到来。三人对月畅饮，把酒言欢，甚是投契，所以相互引为知己。

祖咏比王缙还小一岁，是洛阳人士，开元十二年（公元724年）进士。后移居汝水以北别业，渔樵终老。他曾因张说推荐，任过短时期的驾部员外郎。诗多状景咏物，宣扬隐逸生活。其诗讲求对仗，亦带有"诗中有画"之色彩。祖咏是日后王维生活中最好的朋友之一，二人志趣相投，审美观点一致。因祖咏比王维小两岁，在家中排行第三，所以王维常叫他祖三。这一称呼足见二人的熟识程度。

七夕一过，八月十五马上就到了。这可是盛大的节日，不但宫中要设宴举行盛大的宴会，各亲王大臣以至于民间都有聚会。这可忙坏了掌管音乐宴饮事宜的王维。这几日，王维天不亮就到官府，半夜才回到家中，只为了能够顺利完成工作，不出任何差错。

这天，王维正忙得焦头烂额，等着训练一个舞狮的队伍给宰相府。高凤成从外面走了进来，放肆地说道："王维，丞相府的舞狮安排得如何？"王维恭敬地回答："回禀大人，近日事务繁多，此事正在训练中，虽然没有完全结束，想来不会耽误，还请大人放心。"高凤成突然笑了起来，笑得狡诈，可王维并没有注意到，他说道："这几日辛苦你了，这事情我来代你做吧，放心，不会出差错的。"王维本来就不善于为官的权术之道，并没有多想就答应了。谁曾想，舞狮当日，所有的狮子竟然穿黄，这可吓坏了王维，因为舞黄狮只有皇上才可以。

事情传到了皇上耳中，皇上震怒，命高力士追查下去，责任自然都落到了王维的身上。原来是高凤成看王维不顺眼，所以求了高力士帮忙想办法除掉王维。高力士本来不打算插手此事，可是高凤成告诉他，王维常在背后诅咒高力士，说他干涉朝政，应该早日被处理。恰巧当时的宰相张说和刘知几有矛盾，而刘知几的儿子正是太乐令。所以张说也借这件事情，想除掉政敌，所以他与高力士勾结。高力士看到了事情有利可图，所以想出了这样卑劣的办法，只等事情一出，自己再在皇上面前挑拨几句也就成了。

玄宗也听过王维的才名，本想从轻处理，这时高力士在一旁看似不经意地说："皇上，老奴看还是从轻发落吧，想来这王维也是一时疏忽，并不是有意为之。且王维才华横溢，老奴都听过他的诗呢！"玄宗来了兴趣，沉声说："念来听听。"高力士清了清嗓子，高声念道："杨子谈经所，淮王载酒过。兴阑啼鸟换，坐久落花多。径转回银烛，林开散玉珂。严城时未启，前路拥笙歌。"

"嗯，起笔用典，笔调诙谐；画面清静、空灵，富于情韵，且静中有动，笔意空旷，是好诗。"

"是呢，诗名叫《从岐王过杨氏别业应教》，是王维从岐王游玩时候作的。"

皇上听了这话，竟然沉吟了。开笔用淮王作喻，汉代的淮南王刘安最后谋反被镇压而死，难道岐王有异心？玄宗迟疑了一下，以他对岐王的了解应该不会。不过，高力士的话倒是提醒了皇上，自己的弟弟岐王跟这个臣下私交甚笃。历来帝王都忌讳亲王与大臣过往甚密，结党营私、卖官鬻爵自古从此而来。所以高力士的话提醒了皇上一定要重罚王维，以避免亲王结党，另一方面也给岐王一个警告。于是玄宗回头轻声告诉高力士："传朕旨意，贬王维为济州司仓参军，即日出发。"玄宗虽然语气轻松，可从他决绝的眼神中，奸诈的高力士知道自己成功了。

处罚决定立即传到了王维家中，王维虽然耿直，也知道其中的道理，想来一定是高凤成动的手脚，可是自己也只能哑巴吃黄连了。

短短的相聚后又要离别，王维嘱咐弟弟好好照顾家眷，自己独自一人赴济州出任。走时，王维把心中的悲愤都化作了诗歌：

> 微官易得罪，谪去济川阴。
> 执政方持法，明君照此心。
> 闾阎河润上，井邑海云深。
> 纵有归来日，各愁年鬓侵。

——被出济州

王维自己官微言轻，动辄得咎，言外之意，执政者为所欲为，怨愤其实早已溢于言表。表面上虽然写"明君无此心"，为玄宗开脱，也说执政者是执法办事，可是实际上是托讽。看着眼前的离别场面，自己想象着济州的风土人情，最后表示自己负罪不轻，正当年少之年却被贬，归期未定，感慨跃然纸上。

行到水穷处，坐看云起时 王维诗传

刘氏轻轻地挽着王维，送了一里又一里，秋风吹落了黄叶，宛如依然孑然独立在风中。王维知道她的不舍，这一去，不知何时能归来，让他们本就聚少离多的日子更加难熬。王维知道刘氏只盼自己能保全自己，他握住了刘氏的手，许下诺言，这是对宛如的誓言，也是对自己的。他终有一天会回来的，带着荣耀和自由。

　　碧云天，黄花地，西风紧，北雁南飞，晓来谁染霜林醉？总是离人泪。

谪去济川阴

夕阳斜照，天边变幻着色彩，彤云幻化出奇异的模样。宽阔的大路上，一主一仆，踽踽而行。这路越宽，王维越感到孤单；这天地越辽阔，王维越觉得自己微不足道。他穿着布衣，小厮背着简单的行囊，一起向前走去，身后是长长的剪影。这一刻，路在王维的眼中成为一种象征，它一直向前延伸，没有尽头，像自己看不清的未来之事。而路两旁，是死亡和欲望交织出的奇异的风景。

萧瑟的秋风卷起枯黄的落叶，打在王维的脸上。王维紧了紧衣服，继续往前走。小厮环顾四周，轻声提醒道："大人，若是再不快些赶路，今晚可就找不到客栈歇息了。"王维点了点头，二人加紧了脚步快些赶路。

在月亮挂上树梢头时，两人也没有找到客栈歇脚。这荒无人烟的路上，晚上常有猛兽出没，这可急坏了小厮。这个时候，王维看到了旁边的一座破败的寺庙。没有办法，二人只能进去歇

行到水穷处，坐看云起时 王维诗传

息，等到天亮了再赶路。

庙门上的牌匾斜挂在门框上，经久不修，上面的字迹经过风吹雨打早已模糊，看不清写的什么了。推门而入，屋内空空如也，蜘蛛网挂满了庙堂中间的佛像，看来这座寺庙荒废了有些年月了。小厮出去捡柴火生火，王维去旁边的小溪取水。等到他回到庙里，篝火已经燃烧起来了。火光照亮了王维苍白的脸，这些日子里，变故来得太快，他都来不及思考，就忙着离别、赶路。

这时，万籁俱寂，屋里只有干柴燃烧发出噼噼啪啪声。从破落的窗户看出去，王维竟看到了别样的风景。一根旁逸斜出的树枝伸到窗前，月亮隐隐挂在树梢，如此宁静。王维想着，那夜也是这番景致，自己和弟弟在廊下饮酒作诗赏月，何等诗意！如今，自己身处破庙，守着一堆柴火望月兴叹，悲凉之感油然而生，何等失意！王维低头看看自己现在落魄的样子，哪里还有当年的风采？为官之道，王维还没有真切地体验明白，就稀里糊涂做了炮灰，被贬到济州做司库参军。司库参军，其实就是看守掌管粮仓的小卒。中举之后，王维以为自己终于可以实现梦想了，他想到了仕途不可能一帆风顺，却没料到悲剧来得如此之快。他的悲愤、凄凉有谁能开解？想到这里，王维吟出了下面这首咏史诗：

艳色天下重，西施宁久微。

朝仍越溪女，暮作吴宫妃。

贱日岂殊众，贵来方悟稀。

邀人傅香粉，不自著罗衣。

君宠益娇态，君怜无是非。

当时浣纱伴，莫得同车归。

持谢邻家子，效颦安可希。

——西施咏

盛世繁华，大唐还算是吏治清明、百姓乐业、国力强盛，可是政治就像是平静的湖面下，波涛暗涌的漩涡，不论多么兴盛，任何朝代都不可能没有政治斗争，不可能没有贪官污吏，不可能没有党派之争。繁华的外衣下，政治危机暗中浮动。奸邪小人把持朝廷大权，纨绔子弟凭着裙带关系飞黄腾达，甚至连一些斗鸡走狗之徒也得到了君王的恩宠，身价倍增，飞扬跋扈；才俊之士却屈居下层，无人赏识。而像自己这样的人，凭借满身才华考取举人，却也终究逃不过政治集团的迫害，空有一腔热情无处奉献。

王维借古讽今，西施"朝贱夕贵"，而浣纱同伴中仅她一人有命运发生改变的经历。世态炎凉，王维有一种怀才不遇的不平与感慨；世人只见显贵时的西施之美，国破后却斥之为祸水，这些势利小人受到了王维极力的嘲讽；西施"朝仍越溪女，暮作吴宫妃"的骄纵，讥讽那些由于偶然机遇受到恩宠就趾高气扬、不可一世的人；王维自己绝对不会做那个效颦的东施，骄傲的自尊不会允许他为了博取别人赏识而故作姿态，反而弄巧成拙。

借着柴火的温暖，王维和小厮吃过晚饭后，找了些干草，铺成了厚厚的床，他们只能在这里凑合一夜了。

清晨，王维和小厮赶快赶路，希望今晚不要再露宿街头了。

看看方向，王维知道他们快到荥阳县了。荥阳，历史悠久、文化灿烂、风景优美，是一个让文人骚客多发感慨的地方。这里是中华望族郑氏的祖地，唐朝时，有11名荥阳籍郑氏在朝为宰相，1200万郑氏后裔遍布世界各地。战国时法家人物申不害、唐朝"诗、书、画"三绝的文人郑虔、晚唐诗人李商隐等都出生在荥阳。中唐时期著名的政治家和诗人刘禹锡去世后就葬在荥阳豫龙镇檀山上。宋代的王博文父子三朝为官，史称"三朝枢密史，九子十进士"。可谓"江山代有才人出，各领风骚数百年"。这里更是军事要地，自古兵家必争之处。来到这样的地方，让王维的心情平复了很多。

因为荥阳交通便利，黄河水也途经这里，所以可以行船。王维主仆二人选择水路，一来快捷，二来也方便安全。一大早，船便行驶进了荥泽湖，这表示已经进入了荥阳县境。

船顺流而下，王维坐在船坞中看着热闹的集市。河道曲折，却方便王维看着乡村街巷里忙碌的人们，这家的炊烟袅袅升起，那家的父亲责骂贪睡的儿子不勤奋，村子里的阡陌小路上，鸡鸣狗吠相闻。麦田里，成熟的麦穗沉甸甸地低下了头，一群壮年卷起裤脚在地里干农活，操着一口荥阳方言。自己的身边，渔民商贩们在交易，吆喝声、砍价声、喧闹声不绝于耳。王维觉得自己又回到了人间，跟昨晚清冷的孤芳自赏相比，王维的心中突然一暖。舟行至烟火繁盛之处，让这个心灰意冷、满腹激愤的诗人顿时觉得世间多了几分人情味。

王维突然觉得，如果一辈子就这么平淡地生活下去，也会很幸福吧。可是脚下的路、前方的梦，他一个都不想放弃。他不能忘记自己常常在夜晚仰望星空，抱负一日不实现，他就一日不能安心。可是，青春的脚步踩到的是梦想与现实的距离。前去的路程遥远，远在天边的白云之外，自己如一片孤舟漂泊在艰辛的仕途之上，一切未知都不可以预言。一种难以名状的无力感袭上心头。他提起笔，在纸上写下了心中的想法：

> 泛舟入荥泽，兹邑乃雄藩。
>
> 河曲阍阎隘，川中烟火繁。
>
> 因人见风俗，入境闻方言。
>
> 秋野田畴盛，朝光市井喧。
>
> 渔商波上客，鸡犬岸旁村。
>
> 前路白云外，孤帆安可论。
>
> ——早入荥阳界

贬谪文化一直是中国古代一种特殊的文化现象，历代成就大有名望的文人骚客，无不与贬谪有很大关系。只因为，一旦遭到了贬谪，诗人才切身体会到世态炎凉，人情冷暖；一旦遭到了贬谪，诗人才能摒弃浮躁的心情，对历史和自然有了实实在在的感悟。这时，在经历了人生起伏后，知识和心理一起成熟，写出的作品自然是语言、意象极佳。同样，贬谪也成就了王维。王维初入仕途便遭到贬谪，生活的急剧变化让他的诗风也有了转变。从这首《早入荥阳界》开始，王维不再醉心于应酬、拟古，而是转向对物色的切身感受，逐渐地形成了自己的风格。这首诗写荥阳的地理、形势、风俗以及郊野风光，画面层层转换，多变化，多色彩，声色流光跃然纸上。对这些烦乱的景色和人情，王维采用了不疾不徐的办法，依次娓娓道来，显得意态从容，足见其观察细致，胸中极有丘壑。"因人见风俗，入境闻方言"两句，写的是自己刚到异地荥阳，接触不同的风土人情之后的感受，让人眼前一亮，很是新鲜；"渔商波上客，鸡犬岸旁村"，写的是自己在舟中的所见所闻，境界极其清远、美妙；最后"前路白云外，孤帆安可论"两句，一语双关，既担心自己此去济州路途遥远，又是感慨自己的前途渺茫，寄托和感慨深沉、隽永。这首诗即事写景，写自己的亲身经历与实在感受，很是与众不同。

　　这时的王维并不知道，自己已经悄然发生了变化，心态早已和之前不一样了。三天水路，二人终于到了郑州。

> 朝与周人辞，暮投郑人宿。
>
> 他乡绝俦侣，孤客亲僮仆。
>
> 宛洛望不见，秋霖晦平陆。
>
> 田父草际归，村童雨中牧。
>
> 主人东皋上，时稼绕茅屋。
>
> 虫思机杼悲，雀喧禾黍熟。

明当渡京水，昨晚犹金谷。

此去欲何言，穷边徇微禄。

——宿郑州

"朝与周人辞，暮投郑人宿。他乡绝俦侣，孤客亲僮仆"，这四句交代路途情况。早上与周人辞别，晚上在郑州寄宿，离开亲人，越来越远了，一种凄凉的孤独之情油然而生。在这寂寞的旅途中，与诗人相亲相近的只有那随身僮仆了。后两句摹写人情极真，刻画心理极深，生动地表现出一种莫可名状的凄清。唐末崔涂诗"渐与骨肉远，转于僮仆亲"（《巴山道中除夜书怀》）就是由这两句脱化而出的。

接下来八句由记叙、议论转为写景。诗人将这种凄清孤独的感情外化为具体可感的"雨中秋景图"：南阳、洛阳在视线中已逐渐模糊、消失，空阔辽远的原野笼罩在霏霏的淫雨、蒙蒙的烟气之中。村头，田父荷锄踏青而归，牧童短笛声声，怡然自得，村东水边高地上的主人家环绕在一片油绿鲜亮的庄稼中。还有悲鸣的秋虫、摇动的机杼、喧嚣的雀鸟。

诗的最后四句又由写景转为直接抒情。"明当渡京水，昨晚犹金谷。"京水，源出荥阳县高渚山，郑州以上称为京水，郑州以下称为贾鲁河。金谷是晋代富豪石崇的花园，此处代指昔日繁华。这两句是说：我昨天还在繁华的洛阳，而明天就要去偏远的郑州了。句意和头二句"朝与周人辞，暮投郑人宿"前后呼应，既体现出感情的凝聚、深化，给人以极大的艺术感染力；另一方面又开阔有度，收放自如，浑然一体。"此去欲何言，穷边徇微禄"是指为了微薄的俸禄而到穷僻边远的地方去。这两句话感情深沉、情韵丰厚而不作平白直露的激越之语，在自嘲中流露出更深沉的忧郁：情到深处人孤独。

　　全诗在征途愁思中以简淡自然之笔意织入村野恬宁景物，又由恬然的景物抒写宦海沉浮的失意、苦闷和孤独。全诗诗情与画境的相互渗透、统一，最后达到"诗中有画，画中有诗"的妙境。

他乡遇知己

　　一路长途跋涉，济州终于到了。古济州因济水流经得名，近水者智，有水的地方，文化和人文往往流动清明。济州是个人杰地灵的古都，中国历代文人都有过在这里生活的经历。虽然遭到贬谪，看到自己的贬所并非礼乐不兴的荒蛮之地，王维心中稍微有些许宽慰之感。

　　到了济州府，王维赶忙去拜见刺史大人。递上朝廷的文书，一揖到底，王维谦恭地说道："罪官王维，奉朝廷之命来济州当值，还望大人多加照拂。"

　　当时的济州刺史王仁板着脸，并未叫王维免礼，而是非常不礼貌地上下打量着这个名满长安的才子。过了好一会儿，才冷冷地说："嗯，既然来了，就安顿下来吧，你的住处在仓库旁，一会儿你自己去吧。"见状，王维说道："下官初来此地，对诸事不熟悉，若有得罪还望大人见谅。这是下官从长安带来的一点心意，不成敬意，还望大人笑纳。"一边说话，王维一边拿出了走时弟弟帮忙准备好的长安特产，双手捧着奉给刺史。王仁看了看礼物，接过来掂量一下，看出物件的名贵，马上换了一副嘴脸，笑呵呵地说道："贤弟为何这般客气，在这里一切都好说。路途奔波，我叫下人送你出去休息吧。"

王维终于妥协了。过刚者易折，为官之道在于变通，既然这是官场的生存之道，潜在之规则，他王维没有理由不遵循。因为他得活着，保住自己的官位不仅是保住自己的荣华，更重要的是，为官是他实现梦想的机会。经过舞黄狮一案，王维的心态发生了很大的变化，他不再是那个乳臭未干的愣头青，他开始认识到，不能仅仅凭借一腔热情和满腹才华就让现实向自己妥协。王维常常想，如果自己早就意识到这一点，是不是这隆冬腊月里，自己已经坐在暖屋里与妻子谈禅论诗，而不是冻得瑟瑟发抖，要看这些人微言轻的小人的脸色。

心理落差翻江倒海，可是王维的面上不动声色。他早就学会了控制自己的情绪，安静地跟在一个张牙舞爪的下人后面，走向自己破落的房间。茅屋一间，四面透风，家贫如洗也不过如此。到了地方，小厮拿了些零散的银钱打赏给下人。主仆二人进了屋子，开始收拾起来。

司仓参军是一个闲职，并没有什么实际的事情需要做。王维自来济州这日起，就上下打点，倒也没有人为难他。清闲的王维又恢复了自己结交文人雅士的习惯，经常和朋友一起游玩或者闲逛。

王维自己喜爱谈禅论佛，又生来面容清丽、风流倜傥，他所结交的朋友必然也是品节高逸的文人雅士。这日，王维带着小厮在一个酒肆中喝酒，听闻有说书的老艺人弹唱小曲儿，这曲调空灵清远，竟然不像是普通的唱曲儿人能作出来的。王维正沉浸在曲子中，琴声却戛然而止，原来是掌柜的命令小二赶走这个妨碍生意的老人："去去去，外面去，跟着凑什么热闹？还让不让人做生意了！"老人苦苦哀求不成，准备抱着琵琶离去。

王维一面吩咐小厮叫住了老者，一面回头跟店小二说道："告诉掌柜的，这老者是我请来唱曲儿的。"

他问道："老人家请留步，在下听老人家弹奏的曲子很是雅致，不知是何人所作？"

"小老儿姓崔，无儿无女，凭借唱曲卖艺为生。但是老儿的曲子粗俗，不能入雅士之耳，所以我的邻居郑先生就帮忙作了几首曲子并交与我弹，勉强可以糊口。"

"可是郑先生？"王维惊讶道，早在来济州之初，王维就听闻济州城有两位品学才情很高的隐士，可惜自己一直无缘相见。于是，他请老人引路，去拜谒这位高人。

眼前是茅草屋一间，屋顶炊烟升起，阳光慵懒地照在屋脊上。屋后有郁郁葱葱的大榕树，树梢大概有鸟驻巢，因为总有叽叽喳喳的叫声。院舍中几只鸡在觅食，门前有一畦菜地，一个布衣男子，头戴草帽，挽着袖管在地里劳作，并不能看清楚他的脸庞。这倒颇有采菊东篱下、悠然见南山的闲适。这时候唱曲的老人喊道："郑先生，有客人拜访！"

老者姓张，没人知道他的名字，大家都叫他张老儿。郑先生抬起头，看向王维这边，张老儿引领着王维进了大门。王维赶忙自我介绍道："在下王维，今日听到张老儿弹奏的曲子，十分感怀，在下也颇好此道，遂来登门拜见先生。"王维的才名在外，郑先生早就听闻，今日见他也是一表人才、风流人物，所以颇有好感，赶紧迎王维和张老儿进门，一边说道："久闻先生大名，鄙人姓郑，家中排行老四，先生叫我郑四好了。"

进到堂上，王维才发现这位隐居高人的品位。书桌一张，上面遍放笔墨纸砚。旁边有一个大大的书架，上面有不少古籍。旁边的墙上挂着一把琴，王维看后，更加确定这是位大隐于市的高人。"以先生之才，如果出世，必定会高中，可是先生为何如此？"王维疑惑道。

"世人尽道读书好，都认为当今朝廷千秋万代，可是有谁看到了各个政治党派之间的勾结？摩诘兄如若不是受到牵连，何至于此？官场黑暗，在下实在没有兴趣。不若这般学陶潜隐居自在。"

"式微式微，胡不归？"王维不禁吟出《诗经》中的诗句，点头沉吟不语。

"早闻先生大名，愿听先生琵琶一曲。"

王维大大方方地坐在席上，弹奏起来。转眼到了傍晚，郑四招呼来张老儿，说道："老儿，烦你走一趟去请我的朋友霍兄。就说有雅士至此，速来一聚。"话音刚落，门外就响起了笑声。真是未见其人，先闻其声。爽朗的大笑声回荡在屋间，然后，就见一个中年人捋着胡须，骑着驴停在了门口。郑四赶快移步迎出门，笑称："说曹操，曹操就到，刚要让张哥哥去请你，没想到你不请自来了。"

"我是来讨酒喝的，快点把你酿的好酒拿出来。"说完，两人哈哈大笑起来。

进入屋内，郑四赶快介绍道："这位是王维，字摩诘，今日新认识的朋友，刚刚你听到的乐声，就是摩诘兄所奏。"

二人寒暄见了面。霍先生说道："乐声即心声，摩诘兄乐声优雅淡远，定是极为雅致之士。"

"王维惭愧，在两位先生面前，在下不敢忝谈高雅，不过是一时取乐罢了。"

三人把酒言欢，既无丝竹管弦之乐，也没有翩跹美人之舞姿，更没有美酒佳肴，可是谈起诗文时势畅快淋漓，竟比王维参加过的任何宴饮都有趣生动。

"当今局势，虽然盛世繁华，可也有树倒猢狲散的一日。不说别的，地方上的真正长官早已经易手，谁不知听刺史的话不若讨好节度使。掌兵权者才是实际的操控者。这些藩镇节度使，现在能控制一方水土，以后难保不会想要控制朝廷。那时候，祸乱再起，百姓苦矣。"

王维听着霍先生一针见血的指摘时势，颇为敬佩。他想到现在的王公子孙，靠着世袭的地位享受高官厚禄，却毫无才学品行，一心只想着挥霍享受，过着纸醉金迷的生活。可像郑、霍二位先生这样的品节高逸之人，却要隐居于此，他们哪里是不愿意出仕，明明就是看透了政治的虚伪与不公，无奈之下做出的选择，真是可惜啊。王维坐不住了，他起身走上书桌，提起笔，大书：

> 翩翩繁华子，多出金张门。
>
> 幸有先人业，早蒙明主恩。
>
> 童年且未学，肉食骛华轩。
>
> 岂乏中林士，无人荐至尊。
>
> 郑公老泉石，霍子安丘樊。
>
> 卖药不二价，著书盈万言。
>
> 息阴无恶木，饮水心清源。
>
> 吾贱不及议，斯人竟谁论。
>
> ——郑霍二山人

这篇诗作一改王维的空灵之气，竟然颇有左思《咏史》的风骨。诗中对不学无术、仅仅依靠世袭的地位而享受高官厚禄的权贵子弟进行了讽刺，同时把他们与既有才学又品节高逸的郑、霍二位隐士相对比，揭露了世事的不平。而"吾贱不及议"又流露出对自己被贬的不平之气，感慨很深。最后王维说，像我这样的人遭受贫贱倒没有什么可说的，就连郑、霍二位如此有才节的人也与我一样困顿，又有谁能为他们鸣不平呢？这感慨看似为两位先生抱不平，实际上却是说出了正直高洁之士的共同命运。

作完诗，王维未及告别，就径直走出郑先生的房间，离开了。二位先生也没有责怪王维不懂得礼仪，只是无奈地摇摇头。

看来这个年轻人还有好长的路要走，只能祝他幸运了。

一夜无话，第二日晨起，王维只觉得头痛得要命，并不知自己昨晚是如何回到住处的，原来他昨晚行为反常竟然是喝醉了。王维苦笑，问小厮昨晚是不是有失态之处，小厮告诉了王维昨晚的情况。王维打算今日再去，一是为了昨晚的失礼道歉，二是回敬昨日的宴席。

王维梳洗穿戴好，带着小厮走在去郑先生家的路上。这时，迎面走来一个熟悉的身影。走近一看，竟然是祖咏！

"祖三，真的是你吗？"王维惊喜道。

"摩诘兄，一别多年，可好？"

"好，好，贤弟何以至此？"

"上谕下达了，我这就要去边塞上任，路过这里，想到摩诘兄应该在此，遂前来一聚。"

原来祖咏这是要去上任，特意绕路来济州，想看看老朋友。王维感慨之余，赶忙把祖咏请到自己家中好好招待。中午，他让小厮去酒楼定了菜式，二人对面而饮。想起在长安初识之时，王维意气正盛，祖咏、王维还有弟弟王缙，三人月下畅饮，品诗论画，那畅快的画面仿佛是上辈子的事情。如今，二人对面酌酒，吃的是外面买来的菜，喝的是浊酒一壶，世事变迁如此之快，让人不禁感慨万分。王维看着眼前的朋友，对方无论贫贱富贵都没有抛弃自己，让人很是感动，遂留祖三在此过夜。于是就有了流传于后世的那首诗歌：

门前洛阳客，下马拂征衣。

不枉故人驾，平生多掩扉。

行人返深巷，积雪带余晖。

早岁同袍者，高车何处归。

——喜祖三至留宿

王维很激动，心里想着，人生得一知己足矣，斯世当以同怀视之。我王维何德何能，有这么多的朋友愿意陪伴包容。王维正沉浸在感动中，这时候下人进来，急急忙忙地说："新上任的刺史裴大人提前两日到任，各位都到了，就差大人没有拜见了，大人快些起身。"听到这个消息，王维也是很惊奇，但马上肃容，向祖三道过歉，赶忙赶了过去。

调任归长安

"下官拜见刺史大人，因有远来的朋友拜访，所以并不能提前得知大人到来，没能在此等候，还望大人恕罪。"王维赶忙作揖行礼。

"哈哈，贤弟何必客气！本是我提前两天到任，快快请起吧。"新来的刺史大人说罢双手扶起王维。

王维狐疑，这位刺史怎么一点官威都没有。来之前，王维早就做好被奚落的准备了。这时，王维才抬起头细看，这一看竟笑了出来。

原来，新调任来的刺史名叫裴耀卿，与王维一样，曾是岐王府的座上宾，二人算是故交，所以对王维格外礼遇些。二人相见，都唏嘘不已，想起当年共同宴饮游玩时候的风华正茂，如今王维看看自己的状况，不禁苦笑。裴耀卿劝慰道："贤弟不是池中之物，虽然暂时困顿，但必有出头之日。且放宽心，为兄在一日，必定不会让贤弟埋没。"当时与岐王同游之日，裴耀卿对王

　行到水穷处，坐看云起时　王维诗传

维的才华便欣羡不已，没想到对方遭此劫难，对此也是心生惋惜。且裴刺史雅好诗书，正好与王维爱好相投，二人政见又往往相同，所以相处得很好。贬官两年，王维竟然过得很是闲适安然。这一年，是开元十二年（公元724年）。

见过新长官后，王维回到住处，陪同祖咏在济州城内游玩了半日。因为祖咏急着要赶路上任，所以王维也就没有强留他多住几日。第二日，王维特地去跟裴耀卿告了假，打算送一送好友。送了一程又一程，眼看着太阳就要落山了，祖三不舍地说："送君千里，终须一别。天下无不散之筵席，摩诘兄就送到这里吧，待有来日，我们共聚长安痛饮上几杯。摩诘兄，保重！"

孤帆远影消失在碧空的尽头，王维仍独立在济水旁不肯离去。他凝望着远处，心里想的不知是对朋友的不舍，还是对自己孤寂的生活的排斥。看着朋友远去的背影，王维恨不能自己也跟着一同离开。落日的余晖照在济水上，寒冷。日暮时分的大河，格外迅疾。王维望着远处的山峰，那一片明净又如何不是孤独？昨日才刚跟故友相逢，那惊喜的感觉，还有朋友的笑容还在眼前，可是今日就相送很远，哭泣着离别。刚刚相逢却又很快离别，一笑一泣，会短离长，王维心中当真是感慨万分。可是王维懂得，有些路，他必须一个人勇敢地往前走。生活就是问题叠着问题，为官也是如此。

开元十四年（公元726年），王维贬官五年之后，济水秋汛到来。这一年的雨水过剩，竟然发生了大规模的洪水，两岸的良田民居被冲毁不计其数，百姓流离失所。大灾过后，必有大疫，济州已经出现了病疫蔓延的情况。裴耀卿一面连夜写好奏折上达朝廷，申请抗洪救灾的银两；一面开仓放粮，举办粥厂。王维掌管着仓库，全力支持救灾的事宜，调动了全部可以调动的力量，组织官兵与百姓一同抗洪。

天地不仁，以万物为刍狗。秋雨冰冷刺骨，看着饿殍遍野，王维的心更是冷得发慌。壮丁都去抗洪了，他们的房子泡在河水中，摇摇欲坠。那边一个小女孩，哭着要吃的，她已经饿得奄奄一息了。王维赶忙拿出了自己带的饼，分给了灾民。然后又赶着去前线与裴耀卿会合了。裴耀卿还在指挥着抗洪，他戴着蓑笠站在河边，显得那么无助。

奔腾的河水席卷着流沙拍打着河岸，这样拥堵河水的办法并非长久之计。朝廷的拨款迟迟不到，他们都知道，这些银两卡在了哪里。河底下的淤泥抬高了河床的位置，让洪水更加凶猛。

这水一治就是几个月，冬天到来了。疫情是控制住了，可是百姓又多了穿衣取暖的问题。终于，河水不再泛滥了，流民也安顿好了。天地又恢复了平静，好似这一场灾难从未发生过。裴耀卿终于松了一口气，济州人好祭祀。这次抗洪成功，他们要进行一场声势浩大的祭祀，来感谢天地给百姓以生存的机会。祭祀需要有迎神曲和送神曲，裴耀卿自然想起了王维。

"我知道贤弟的诗才最是负有盛名，这次事毕，想必贤弟也知道必定要进行祭祀。不知贤弟能否敷衍出两篇祭神曲？"

"不敢不敢，既然是裴兄有需要，王维定当尽力完成。"

王维毫不吝啬自己的才华，提笔就写了两首骚体诗，名曰
《鱼山神女祠歌二首》：

坎坎击鼓，鱼山之下。

吹洞箫，望极浦。

女巫进，纷屡舞。

陈瑶席，湛清酤。

风凄凄兮夜雨，

不知神之来兮不来？

使我心兮苦复苦。

——迎神曲

纷进拜兮堂前，目眷眷兮琼筵。

来不言兮意不传，作暮雨兮愁空山。

悲急管兮思繁弦。

神之驾兮俨欲旋。

倏云收兮雨歇，

山青青兮水潺潺。

——送神曲

这两首骚体诗歌，描写的是当地民间祭神的场面。它深受
《楚辞·九歌》的影响，其中对原始神秘的祭祀场面的描写与缠

绵悱恻的情调相融合，表现了一种凄艳哀婉的风格。裴耀卿看后很是满意。

祭神事毕，这一场灾难才算彻底过去。朝廷对这次的治水很满意，所以裴耀卿在年初会调任。走之前，裴耀卿把王维请到自己的府邸，语重心长地对王维说道："这次治水，你我都明白是我们共同的努力，不过朝廷有朝廷的规矩，我也是身不由己。今日既然调我离任，想必贤弟的升迁也不会太远。这期间，千万不要出什么差错才好。"

王维答应道："这些我都明白，贬官在外这么多年，官场的险恶与不易，我早已深有体会，裴兄这一去，一定要更加小心谨慎才好。"

"这次面圣，我一定会向皇上禀报你在任上的作为，当今圣上是明君，一定不会让人才沉沦下僚。今日就此别过，期待与贤弟在京相聚。保重，千万！"

王维拱手相送。还是那个济水，王维又送走了一位志同道合的朋友。在此地一待就是五年，他已经二十八岁了，早年的激情已经被打磨得所剩无几。王维也终于体会到佛家那句偈语的意义。

正所谓，人生有八苦：生苦、老苦、病苦、死苦、爱别离苦、怨憎会苦、求不得苦、放不下苦。人食五谷杂粮，生老病死是每个人必经的生命旅程，这点，他王维改变不了，也只能接受。来到济州五年，除了短暂的通信以外，他再没有过妻子的音

行到水穷处，坐看云起时 王维诗传

信。不过那次宛如的来信，对王维来说是很大的安慰，信中只有一首佛家的偈语：从爱生忧患，从爱生怖畏。若离于爱者，无忧亦无怖。王维懂得妻子的话，所以每当他思念难当的时候，他总会这样告诉自己。

如今，他真切地明白了，既然求不得，那何苦又放不下呢？命里有时终须有，命里无时莫强求。生死轮回早有定数，今生受的苦楚与磨难，不是前世留下的果，就是为后世种下了因。何必汲汲于富贵名利，却不知珍惜眼前平静的时光？王维想起来自己小时候，父亲与自己谈佛的情景。

那是一个秋雨缠绵的日子，父亲与自己坐在台阶上，他告诉自己一定要"始终能保持一颗菩提之心"。这一刻，王维突然懂了，他这些年苦苦的追求何曾不是怨憎会之苦？何曾不是求不得、放不下之苦？手上戴着的还是当时那串念珠，这时，佛学对于王维来说，有了不同的或者说更为深刻的意义。

王维终于想明白了，他终于能够安心接受现在的遭遇，过上真正平静的生活。可是，上天总是在不经意间给你带来变化，带来惊诧。开元十四年（公元726年），裴耀卿调任的同一年，王维也奉命离开济州。

在今后的六七年中，王维一直做着不大不小的官，他自己也并未十分在意，反而尽情享受和妻子兄弟相聚的日子。闲来往返于长安和洛阳，游历、交友、谈禅。从这时起，王维的诗风也起了很大的变化，他开始对怀才不遇闭口不谈，他也不再表达他的雄才大略，只一心沉醉于佛学，诗中有画、画中有诗的特点渐渐显露。

这时的王维已近而立之年，他开始尝试隐居生活。他先在终南，即长安之南隐居，在东都嵩山也有他隐居的地方。开始隐居的王维依然有好友结交，这在他的诗歌中颇有体现：

> 终南有茅屋，前对终南山。
>
> 终年无客常闭关，终日无心长自闲。
>
> 不妨饮酒复垂钓，君但能来相往还。
>
> ——答张五弟

张五即张湮，唐代书画家，官至刑部员外郎，与王维友好。因排行第五，故王维称其为张五弟。王维与张五志趣相投，隐居在终南山的时候，王维的山居就与张五山居较近。这首诗写的是很希望他能来共享隐居垂钓的乐趣，借此表示自己不关心世事的心境。全诗写得轻松自然，毫不着力。

第四章

小隐于野，大隐于朝

一代一双人

　　清风，明月，扁舟。同样的秋日，同样的菊花，物是人却已非昨。一个人一生当中会经历几十个春秋轮回，每一个都有它独特的滋味与颜色。年年岁岁花相似，岁岁年年人不同。已近而立之年的王维，终于得到了回京的机会。

　　十五岁，他开始宦游于洛阳。路上，王维忐忑却充满希冀，回望自己曾经的作品，一种久违的激情流露于笔端。二十三岁中举，归家探亲后返回长安，长安有朋友、有未来，别提自己有多兴奋。

　　如今，从贬所归京，王维不知从何时起，长安竟然成了自己的家。那里曾经承载着他的梦想，现在住着他这一生最爱的女子。这一次，他真正地归心似箭。虽然这次回京只是奉诏而回，朝廷并没有标明王维的去留，王维自己心中也很明白，当年的贬官是因为自己同岐王和九公主走得太近，以至于遭到了玄宗的猜忌。故而这次回来，王维并没有抱太大的希望，他知道自己不久

　　　　　行到水穷处，坐看云起时　王维诗传

后仍然要离开长安，不过有这短暂的时间能和家人相聚，王维心中已经很满足了。

济水汤汤，带着轻舟走过万重山峦。这么多年，王维心中的万水千山，任她一一走遍。她还好吗？摇曳的小船正如王维志忑的心情。下了船，王维急急忙忙朝家中走去。路上，王维遇到了一个一生的朋友，他和王维志同道合、诗风相近，在后世常被称作唐代山水田园诗派的代表，并经常把二人拿来作比较。这个人就是孟浩然。

孟浩然（公元689—740年），襄州襄阳人（今湖南襄阳区人），是盛唐时期有名的山水田园诗人。孟浩然一生的经历很平淡，只在张九龄的幕府中做过幕僚，且时间很短。他一生中大部分时间都是在襄阳老家隐居中度过，新旧《唐书》对他的记载也都很少。可是在众星璀璨的盛唐诗坛，孟浩然仍然占有一席之地。他不但与王维是至交，与杜甫惺惺相惜，就连自称"楚狂人"，敢于"凤歌笑孔丘"的李太白，也曾真心赞美过孟浩然："吾爱孟夫子，风流天下闻。红颜弃轩冕，白首卧松云。醉月频中圣，迷花不事君。高山安可仰，徒此揖清芬。"

王维下船后，稍微整理了下衣冠，告诉小厮带好自己在济州买的礼物，正打算回家。这时，他看见路边一个小贩对着一个书生咆哮："没钱你凑什么热闹，我这可是家传的砚台，现在你把别的客人都赶跑了又拿不出银子来买。你今天要是不买下这砚台，就跟我一起去见官！"

"这位小哥，我实在没有骗你，确实是钱袋丢了，要不然你随我回客栈去取吧？"书生商议道。

小贩皱着眉头，声音又提高了八度："刚刚你就是这般肯定，说买我的东西，现在又这样，我怎么能知道跟你去了客栈，你会不会又推脱？不去不去，你赶紧想办法！"

看到这里，王维不自觉走上前去，说道："这位小哥，这位是我的朋友。这砚台多少钱，我先代他付了。今日遇到特殊情况，还望见谅。"

小贩看到有人肯帮忙付钱买他的砚台，马上换了嘴脸，乐呵呵地收下了钱。

"在下襄阳人士孟浩然，今日出门不小心，竟被偷了钱袋。刚刚看这砚台很好，想留一个，没想到出了这样的差错。多亏兄台相助，不知兄台贵姓，在下日后一定将钱送还到府上。"

"我是王维，今日刚刚归家，就遇到兄台的事情。举手之劳，不足挂齿。若是兄台不嫌弃，可愿意到我家共聚？"

同是来长安宦游的孟浩然，早早就听过王维的名字，今日一见，二人如遇故人。交谈后发现，孟浩然竟然年长王维十多岁。他今日正打算去拜见一位高官，耽误不得，所以不能赴约。

"原来是王维，久仰贤弟大名。今日我还有其他的事情，改日再登门拜访。"

"那好吧，随时欢迎兄长来做客。"

二人别过，王维速速回家。一进门，王维看到家中没有太大变化，既没有清贫，也没有更加富丽堂皇，心中不免戚戚然。自己不在这几年，多亏了弟弟的照顾。王缙在到长安的第三年，如愿地考中了举人。他在做官方面好像天生就有天分，中举得官后，有意与当时宦游时结交的权贵拉开距离，怕有结党营私的嫌疑。他又深谙为官之道，上下打点得很是妥帖，所以这官做得倒也适意。

听到大门的响声，刘氏从屋内迎了出来。她知道王维今天会回来，所以早早地梳洗好了，换上美丽的妆容，她的悦己者终于回来了。

他伫立在门口，她斜倚于窗前。默然，欢喜。这短短的十几米，竟然用了七年才走回来。王维在远处凝视着这个他思念的人，看着她的淡然、她的美丽。她的娇容上略微显露的苍白，她病了吗？怎么没人告诉自己？王维快步向前，走向这个他盼了几千个日夜的女子。

"你可还好？自从你我成亲，我就没在身边照顾过你。这么多年，让你受委屈了。"王维牵起刘氏的手，心疼地说。

刘氏比想象中从容，她已经不是那年晓风残月下的少女。年近三十，刘氏风韵犹存，只是常年顽疾的折磨下，她的容颜略显苍白，病态流露于面上。"表哥何苦这样自责？我一直都不是娇弱的花，我要做高大的树，与你相偎相依、相伴相离。你不在，我是家中的支柱，你回来了，我是你树上的藤蔓。"此时此刻，千言万语都不如一个深情的眼神，刘氏依偎在王维肩上，脸上是幸福满足的笑容。寂静，欢喜。但愿从此二人不必做清风与明月，不必苦苦相思。

"星儿，你去告诉缙儿，表哥回来了，让他今日下官后来后院吃晚饭吧。"刘氏轻轻地告诉小厮,仿佛怕自己声音太大惊醒了这个美好的梦。原来王维不在的这几年,刘氏都深居简出,很少与王缙在一起相处,王缙也明白叔嫂之间需要避嫌,所以他总在前院住着,没有特别的事情不会来打扰刘氏。

日暮时分,一个高大的男子匆匆跨进了门。王维抬眼,一袭青衣映入眼中。王缙逆光走来,面容渐渐清晰。王缙热切地跟王维拥抱,两个人碰了碰拳。这是小时候,哥俩庆祝的标志性动作。王维细细打量弟弟,他已经不是自己离开时候的少年了,多年的官场历练,让王缙的脸上多了几分冷峻。看着饱经风霜的哥哥,王缙心里有无限感慨。他官微言轻,不能在为官上帮助哥哥什么,可是他相信,总有一天,他们不再会受制于人。王维深刻地明白王缙的处境,二人都不提起,不愿意破坏这相聚的氛围。

这晚的饭食是刘氏亲自下厨做的。王维看着一桌自己喜欢吃的菜,心中满是感动。他举杯:"世事难料,官场沉浮,今天终于回家了!看着家中一切安好,真的很开心。今晚定要痛饮。"

刘氏只是安静地看着王维,微笑。对于刘氏来说,跟着王维,到哪里,做什么,都好。王缙却略显担忧:"哥哥虽然此次顺利归京,可是张宰相还在位,我们的威胁并没有移除,所以还要小心为上。"

王维点头,沉吟半晌:"我也明知回京比在济州更易被寻出差错来,可是毕竟回来了就比在济州好,漩涡的中心也许是最安全平静的地方。"

"哥哥说得是，不过这次返回，我已经寻人四处去打探，哥哥的调令过两天可能就会下来，也许这次还要远离京城，不过应该不会再以贬官的名义。哥哥的官职可能也会相应上升一些。"

政治上的挫折让王维开始看到了盛世的繁华景象背后的问题。在济州为官期间，他结识了崔录事、成文学和郑、霍二山人，这些人都是空有一身才华，却不能够为朝廷所用的寒士。他们的不得志深深地触动了王维。只知道斗鸡走狗、纸醉金迷的高门子弟，享受着荣华富贵、高官厚禄，却不会为百姓做任何实用的事情。可是这些才华横溢的苦寒之士，命运却操纵在这些腐败的权贵手中。所谓盛世之下的这些不平，王维尽数看在眼中。

在济州贬谪期间，他在裴耀卿属下工作，裴耀卿以刚正不阿、廉洁奉公著名，王维受到他的影响很深。其后在政治上，王维坚持廉洁奉公、严于律己，遵守"不宝货，不耽乐，不弄法，不慢官，无侮老成人，无虐孤与幼"的原则，都是在这一时期形成的。

王维深知当时权势正旺的张说与自己政见不同，肯定不会提拔自己，而玄宗又忌讳自己与岐王和九公主的关系，必定不会重用自己。认识到这样的现实，王维反倒安心了，他在等待，等待一个属于自己的机会。

转眼过年了。十五岁开始，王维就没有跟家人一起过过年，这是第一个与家人团聚的新年。王维心中感慨无限，很是欢喜。

春联是王维作的，弟弟亲手书写的。挂在门上的大红灯笼，是刘氏一针一线缝制的。仆人们忙里忙外，准备着各种年货，家里一片喜气洋洋。腊月里，院中的红梅就应景开了。除夕夜里，一家人守完岁后，王维和刘氏相互依偎着坐在廊下赏红梅。香气悠远，王维手中捧着一壶热酒，静静地和刘氏并肩而坐。虽然年近三十，可刘氏依然不改自己爽利的性格。偶尔咳嗽两声，王维会心疼地帮她紧了紧身上裹着的大氅。

外面忽然下起了雪，细碎地散落在发梢、肩膀、手掌，然后宁谧地落下，神秘又安详。这也算是意外之喜，宛如走到雪中，旋转，旋转。白雪，红梅，伊人，一幅踏雪舞梅图展现在眼前。突然，宛如停了下来，她回头冲王维眨了眨眼睛，然后迅速蹲下来，团了一个雪球朝王维扔去。愣住的王维还未来得及闪躲，冰凉的雪便在身上蔓延开来，他宠溺地笑笑。这么多年，他的宛如没变，一如从前，不改俏皮的本性。王维也玩兴大起，与宛如一同玩了起来。

两人在院中堆起了一个大大的雪人，半人高的雪人手中拿着扫帚，像是一个耀武扬威的青年。王维和宛如相视而笑，虽然岁月催老了容颜，可是他们始终保持着一颗赤子之心，不虚妄，不隐恶，在彼此之前都做最真实的自己。

宛如又咳了起来，玩了半晌，两人都大汗淋漓，王维怕冷风吹得宛如感冒，加重病情，所以催促着宛如赶快回屋。两人快步走回房间，宛如进里间换下了衣服。王维坐在桌边回味着，他突然觉得，这么多年，自己的身上终于有了热乎气。

这一刻，王维看着眼前的妻子，他不知他将要永远地失去她了，可是莫名的危机感蔓延开来。他希望在有限的时间里，多多陪伴妻子。他在心里默默地祝祷：时光，时光，你慢点走；流年，流年，你莫把幸福抛下。

静者亦何事

　　大雪初霁，整个长安城银装素裹。白茫茫的大地，很干净。清晨，宁谧安静，一如王维此刻的心情。仆人们来回穿行，脚踩在雪上发出了脆生生的"沙沙"声。屋内，宛如已经起了，她正坐在梳妆台前上妆。她轻轻地梳理满头乌发，因为王维最喜欢自己长发飘逸的样子，所以宛如格外照顾自己的头发。远山眉长入鬓，淡淡的红唇不点而红。她拿起画笔，正思索着今天要上个什么样的花钿，就从镜子里看见走向她的王维，于是撒娇道："外面的梅花好生娇艳，可惜今日不知怎么了，我竟画不出来。表哥可愿意帮我画？"

　　王维宠溺地笑笑，接过画笔，在刘氏眉间细细雕琢出一朵绽放的红梅。他的宛如，正如这雪中的梅花，香自苦寒来。上好了妆容的宛如又精神焕发了，又或许是人逢喜事精神爽吧。

　　二人坐在窗下吃早餐。宛如聪慧异常，懂得用明纸糊窗，阳光在白雪的映衬下更加明亮。用完早饭，闲来无事，王维和宛如

行到水穷处，坐看云起时　　王维诗传

对弈，相约输的人要抄佛经一卷。王维自然是要让着宛如，一局下来，宛如果然赢了。王维假装无奈，展开纸抄起了《维摩诘经》。宛如在一旁帮王维磨墨，时而抬头看看外面的雪景。时间静好莫过如此，有红袖添香在侧，夫复何求？王维正回味着这平静的小幸福，这时小厮从外面进来，弹了弹身上的雪，上前道："老爷，岐王府来人请去一同赏雪。"

"知道了，你去准备车马吧。记得把车布置得暖和些，今日我与夫人同去。"

宛如恬静地点点头。小厮看着老爷和夫人这般恩爱，心中有很多疑问。照例说，像自家老爷这般的风流才子，定是要有许多红颜知己做伴才好。世家大族，有个把小妾也是正常的事情，可是自家老爷从来没有过这样的念头，只一心一意对待夫人。想到这里，小厮也对王维充满了敬意。

今年，王维破例偕夫人一起，带着自己在济州任上时的作品和礼物，到曾经的朋友处一一拜年，这当然包括岐王和九公主。王维也不知道自己为何要这么做，可能是上天冥冥中的指引，这次的相聚让王维更加珍惜自己的妻子。

这日晚，王维和宛如从岐王府参加宴饮后回府。在马车上，宛如就昏昏欲睡，王维当时并未在意，只是以为宛如应酬了一天，累了的缘故。谁知，晚上回到家中，宛如竟然高烧不退，咳中还带有血丝。王维一下子慌了神儿，中年咯血，王维的心中凉了一半。他赶忙请来郎中，郎中把脉后，王维把他请到外间，详细询问妻子的病情。

"先生不用过分担心，虽然病势来得凶猛，但只要好生吃药静养倒也无妨。"

"可是为何突然病发？这几日毫无征兆，只是偶尔咳嗽几声。"

"夫人也算是积劳成疾，这病得在终年思虑担忧上，以后只要心情舒畅，凡事多劝慰着点，不要形成五内郁结之症就好。"

王维又细致地盘问到底吃什么药、怎么煮等很多详细情况，然后才给了郎中银两，让小厮好生送走。至此，王维的房中就多了一个药炉子和一个药罐子。每次刘氏的药饮都是王维亲自动手，宛如笑道："你竟成了个郎中，那药罐子还是拿到外面让下人煎药吧，别弄得一屋子药味。"

"世间万物都以自然为尊，这药味源自自然，闻起来倒有一种别样的香味。"王维回答道。宛如不再劝，只安心地养病，安静地享受和丈夫相伴的时间。

开元十五年（公元 727 年），王维新年的第一份礼物，收到的竟然是一份调令。朝廷决定要王维到淇上做官。淇上的名字源于淇水，淇水在今天的河南北部，其源头在林县东南。得知王维不久又要远行，虽然嘴上没有说什么，可是妻子眼中难掩落寞与难过。王维明白，妻子的身体已经很是孱弱，他想抓住这仅有的年华，与妻子好好相处。所以这次远行做官，不管风雨兼程还是风清日朗，他都决定带上她。初春时分，他们开始了人生中最为淡然平静的生活旅程。

淇县是一个小小的世外桃源，来到这里，王维和妻子暂时远离了政治的纷争。他们在这里度过了一生中最幸福美好、最安宁平淡的时光。

到任后，王维先到长官处报到。不出所料，王维这次的官职仍然是个闲职，这次王维没有再自怨自艾，他平静甚至是欣然接受了。他不需要每天在官府里面做事，也自然多了很多时间去陪妻子和交朋友。

淇县县衙不大，人也不多，民风颇为淳朴，王维在此过得很是适意。对官场和社会有了清醒认识后的王维，内心早就萌动了隐居以葆素志的愿望。这日，他闲来读陶渊明的诗歌，读到那句"怅然吟式微"，他忽然明白了自己的心意，犹如醍醐灌顶。式微式微，胡不归？不如自己也学习陶潜，辞官归隐吧。陶渊明是东晋时期的田园诗人，他出身于官宦之家，可是一生只在彭泽做了八十一天县令，然后就辞官归隐。他不为"五斗米折腰"的气概感动了王维，他曾表达过跟陶渊明一样的心愿：

> 陶潜任天真，其性颇耽酒。
>
> 自从弃官来，家贫不能有。
>
> 九月九日时，菊花空满手。
>
> 中心窃自思，傥有人送否。
>
> 白衣携壶觞，果来遗老叟。
>
> 且喜得斟酌，安问升与斗。
>
> 奋衣野田中，今日嗟无负。
>
> 兀傲迷东西，蓑笠不能守。
>
> 倾倒强行行，酣歌归五柳。

生事不曾问，肯愧家中妇。

——偶然作六首之四

　　征求了妻子的意见后，王维向长官递上了辞官书，言辞很是恳切。然后他和妻子开始了躬耕生活，自食其力倒也自得其乐。

　　淇水缓缓而流，上善若水，滋润着一方乐土。王维和宛如很喜欢淇水这份灵透，所谓智者乐水是也，他们决定在淇水之滨安居。王维找到了一个小房子，在夫妻二人的装扮下精致又没有过分雕琢，雅致又没有过分阳春白雪。一间茅草房，檐下几级台阶长了些许青苔，院中几棵果树又到了缤纷的季节。远处的鸡舍让人觉得，这就只是一个普通的农家小院。门前几亩菜地，是王维自己动手种的，良苗青青，刚刚露头。室内多是王维和妻子一同作的画和诗歌，书香萦绕满屋。主雅客来勤，这样别致的文化之居，常常会迎来许多布衣雅士，宴饮丝竹之声常常传出。

　　恰逢人间四月天，这日下午，王维送走了一个曾经交游的朋友。他从外面回来时，妻子宛如正安静地坐在窗前做女红，看见王维笑吟吟地走进来，忙放下手中的活儿，起身款款迎了出去。王维看着眼前的妻子，自从他们远离了京城这个是非之地，她的病容竟然渐渐褪去，脸色也红润了不少。他握住她的手，转身出门到外面散步。

　　"表哥，今日送走的是哪位朋友？"宛如轻声问。

　　"我没事，离别是人必然要经历的事情，虽然不舍，可是每个人都有自己要走的路。"

这对话看似风马牛不相及，可是只有王维和宛如懂得其中的深意。王维为人很重情义，对友情更是很重视。今日与朋友分离，宛如知道他心情一定不会太好，所以想找点话题安慰王维。王维自然知道宛如的心意，他明白宛如其实不是真的想知道到底是什么朋友，她只是关心自己，害怕自己伤心伤身，所以直接给出了答案。这样的默契，也只有相濡以沫多年的夫妻间才会有的吧。

宛如会意，不再继续刚刚的话题。淇上田园薄暮的风光最是亲切自然，夕阳笼罩下的田园被镀上了一层金色。田野平旷，他们依偎着看着太阳隐没到村边桑林之外。夕阳照在河水上，水面粼粼的波光竟然照亮了闾巷。王维轻声念道："屏居淇水上。"

"起得好，这一句看似平淡，又给后面留了许多余地，且不粗俗。表哥，你又精进了。"宛如笑道。

王维催促她："别只顾着夸我，你那句到底有了没？"

宛如笑王维，每次一作诗，总是改不掉急躁的毛病，所以赶紧说道："东野旷无山。"

这是王维和宛如常做的事情，类似于后来的联句。两人共同作诗，既考验了二人的默契，又体现了才气。宛如虽然一介女子，可是巾帼不让须眉。她的聪慧才情丝毫不输王维，两人又相知默契，所以常常作的诗歌竟如一人所作一般。

"日隐桑柘外。"听到王维开始描绘眼前的景色了。宛如心想，既然你是上说太阳、下看桑柘，这般雅致自然，那我不若以河水、闾巷对之，大雅即大俗，自然即生活。于是说道："河明闾井间。"

王维继续起兴："牧童望村去。"

宛如也不甘示弱："猎犬随人还。"

王维笑着看随着主人返回的猎犬，突然转向宛如，是作诗也是请教："静者亦何事？"

宛如莞尔一笑，想道："你问我想守住这份寂静怎么办？呵呵，那自然是关紧心门，独自享受。"于是说道："荆扉乘昼关。"

诗歌到此为止，王维和宛如都觉得很畅快。宛如笑道："表哥，今日的诗歌可是该你誊写了。"

王维也不推脱："你得研磨，要不我可不写。"

二人笑着回到屋中，王维提笔写之前，给今天的诗歌加了个题目：淇上田园即事。

吃过晚饭，刘氏早早就睡了。王维独坐在窗前就着月光读书，突然听见远处山间有婉转清脆的鸟鸣。看看外面的景物，在月光的笼罩下都披了一层薄纱，王维想出去走走。

山谷中郁郁葱葱，鸟声婉转。想起自己的闲适，王维随口吟道：

> 人闲桂花落，静夜春山空。
>
> 月出惊山鸟，时鸣春涧中。
>
> ——鸟鸣涧

这样安详静谧的春山良夜，王维下榻在山居，避开了尘世的烦扰、车马的喧嚣，心境十分悠闲而且宁静。他能感知到桂花细小的花瓣从枝头飘落，春山如此空旷，仿佛除了自己，周围什么都不存在。一轮明月破云而出，栖息在山涧中的鸟儿被皎洁的月光惊醒，在山谷里发出婉转的啼鸣。他能感觉到月亮挂上树梢时惊吓到了的鸟儿。这情景看似空静，却包含了丰富的变化。静中有动反而更体现出静到了极致，王维以"空境"来写月夜春山，融贯了很深的意趣。

王维想起妻子最近总是觉得疲乏，贪睡，怕妻子旧症复发，决定第二天请郎中来诊脉。第二日一大早，宛如还没有睡醒，王维就把郎中接来了。郎中沉吟良久，仿佛是有什么事情需要反复确定。许久之后，才对王维说："恭喜这位老爷，尊夫人已经有了两个月的身孕。"

听到这个好消息，王维觉得上天给了他一个大大的惊喜。郎中开了保胎药后，王维高兴地送走了他。他惊喜地看着宛如，不敢相信自己竟然要当爹了。宛如看着王维高兴得像个小孩子一样，后悔自己没有早点告诉王维这个好消息。

鸳鸯失伴飞

送走郎中，王维转身回到房中，宛如脸上微微红了起来："本来打算确定了再告诉你，谁知你竟请了郎中来。"

"我见你昨日懒怠，怕你的老毛病又犯了，所以请了郎中来把脉，看看有没有什么不妥，没想到竟然给了我一个惊喜。"王维牵起妻子的手，兴奋得像个孩子。他贴近宛如的小腹，兴奋地说，"儿子，你要乖，不要让你娘难受。"

看着丈夫大大的笑脸，宛如心里很是高兴："才两个月，能听到什么呀？再说还不知道是儿子还是女儿呢！"

"不管是儿子还是女儿，我都高兴，这是我们的孩子。宛如，以后我们还会有很多孩子。"

"嗯，若是男子，你教他读书作画弹琴，定是像你一样儒雅。"

"若是女儿，你教她跳舞、做女红，她一定会像你这般，静若处子。"

"我要当爹了，当爹了……"王维高兴地嘴里一直念叨着。

行到水穷处，坐看云起时 王维诗传

宛如因为刚刚有了身孕，正是妊娠反应强烈的时候，说着竟然呕吐了起来。看看妻子苍白的小脸，王维又是高兴又是心疼。

"从今天起，家里一切的活都由我来做，你只需要好好养着身子就好。等你三个月后，胎像稳定了，咱们就回长安。那里请大夫、产婆都方便，且有弟弟照应着，也不会出什么差错。"

宛如微微点头，以表示同意。无独有偶，好事成双。虽然隐居在外，可是王维一直过着半隐半仕的生活，他始终关心着朝廷的升迁动态。回京既是为了照顾宛如方便，也是为了自己的仕途着想。王维同宛如回到了长安的家中，这时候，一件对王维后半生有很大影响的事情发生了。这一刻，王维等待了多年的机会终于到来了。

开元二十一年（公元733年），张九龄被任命为中书侍郎、同中书门下平章事，主理朝政。唐朝在中央实行三省六部制，三省分别为中书省、门下省和尚书省，其长官为宰相。张九龄是对王维很重要的一个人物，也是因为有了张九龄的推荐，王维才得以再次出仕，且接近了权力的中心。

张九龄是名门之后，源出西汉留侯张良一脉，是西晋开国功勋壮武郡公张华的第十四世孙。他少负才名，七岁便可以写出一手好文章。唐中宗景龙初年中进士，拜官调校书郎。唐玄宗即位后，他迁右补阙。开元六年（公元718年），张九龄返回京城，受到了当时的宰相张说的重用；开元十一年（公元723年）被任为中书舍人。后因张说被罢相，张九龄受权力斗争风波的牵连而被调往外地任官。开元二十一年（公元733年），张九龄真正走出张说权力的庇佑，得以拜相，开始实现自己的政治理想。张九龄作为唐代有名的贤相，举止优雅，风度不凡。曾经有过这样的说法，自张九龄去世后，若有人向唐玄宗推荐宰相的人选，玄宗总要问："风度得如九龄否？"可见，张九龄受人崇敬、仰慕的程度。

张九龄当政时期，在政治上主张休养生息、保民育人，反对过分的战争和讨伐；他很重视农业生产，减免赋税和徭役，减轻刑罚。同时，他革新吏治，选贤任能，不拘一格。王维在政见上很同意张九龄的主张，而且张九龄为人刚正不阿，为官清正廉洁，又富有文采。所以当王维得知张九龄为宰相后，他意识到自己的机会到来了，他也期待能结束隐居，重新出仕。

王维安顿好了妻子，自己起身去了东都洛阳。早在王维第一次去长安宦游的时候，张九龄就在朝为官，两人就曾经有过交往，也相互欣赏。特别是后来王维中举，虽然官小，但在长安城里很有名气，二人也就更加惺惺相惜了。可惜天意弄人，王维做太乐丞不到半年就遭到贬官，之后一直辗转在外，两人就一直没有机会再来往。这次王维听说张九龄随銮驾出游，人在洛阳，就急急忙忙赶去拜见，还特意写了干谒的诗歌：

> 珥笔趋丹陛，垂珰上玉除。
> 步檐青琐闼，方憩画轮车。
> 市阅千金字，朝闻五色书。
> 致君光帝典，荐士满公车。

伏奏回金驾，横经重石渠。

从兹罢角牴，且复幸储胥。

天统知尧后，王章笑鲁初。

匈奴遥俯伏，汉相俨簪裾。

贾生非不遇，汲黯自堪疏。

学易思求我，言诗或起予。

当从大夫后，何惜隶人余。

——上张公令

大意是看到张九龄当政，自己很高兴有这样的贤能宰相在朝。自己也愿意能为朝廷出一份力，希望能够得到张九龄的引荐。可不凑巧的是，王维刚到洛阳，张九龄就因为公务回了长安。扑了个空的王维并没有灰心，他又马不停蹄地返回长安。

又是草长莺飞的时节，春天象征着希望与生机。时隔多年，王维再次走上了宦游之路。与弱冠之年相比，已近而立的王维显得成熟稳重了许多，他再也没有了莽撞与清高。长安城的大街小巷，他了然于心；官场的明争暗斗，他可以微笑视之；干谒拜见也不再莽撞没有方向。多年的宦游和贬官，让政治上和思想上都成熟的王维更加有目标性。明白了党争利害关系的他，也更能够把握好宦游的尺度。

意外地，王维在宰相府遇到了一位故人。

王维在宰相府前递上了名帖后，张九龄看见是故人来，所以让仆人快点请王维进来。

"草民王维，拜见宰相大人。"王维虽然与张九龄之前就认识，可是一来张九龄年长王维二十多岁，二来张九龄现在已经是丞相，毕竟与当年一起饮酒论诗的朋友有差别，所以为了谨慎起见，王维还是老老实实地作揖行礼。

"哈哈，快快请起，贤弟跟为兄何苦这般客气？倒显得生疏了。"张九龄朗声说。

听到张九龄对自己的称呼没变，王维略微安心，忙笑着回答道："自从离别后，仕途一直不顺畅，今日闻听张兄喜得升迁，特来祝贺。"

"一别多年，没想到你我仕途竟蹉跎到今日，一切可好？"

王维委婉说明了自己的来意，拿出了自己写的《上张公令》。张九龄笑着看完了王维的作品，说道："又精进了，比当年在长安初遇的时候，更加老成持重。"言下之意是王维现在更适合在官场打拼了。王维明白了张九龄的意思，会心一笑，客气道："张兄谬赞了，在您面前，小弟可不敢班门弄斧。"

"你在济州的时候，与裴耀卿治水的事情，我早就听说了，朝廷很需要像你们这样的人才。"

"谢张兄抬爱。王维心中一直有所坚持，所谓'不忘初心，方得始终'。"王维知道，如果有机会，眼前这位兄长定是不会忘记自己的。所以他也不用言明，今日到此一行的目的已经达到了。

"哈哈，你可不要谦虚，这么多年，你肯定作了不少好诗，还不快点拿出来让我品读品读。"张九龄还是不改文人的风雅本性，说完正题马上要诗歌看来，还一边说着一边吩咐旁边的仆人："去请孟公子来，说来了好诗，请他一起来品读。"

王维正狐疑这位孟公子是谁，抬眼看见一个淳朴自然的中年人从门外走来。这不是当年在长安街头买砚台的孟浩然吗？王维惊喜地看着这位故人，对方竟然是张九龄的座上宾。

王维快步上前："孟兄，一别多年，没想到在这里遇见你。"

"后来听闻你在淇上辞官，隐居在淇水，今日在张丞相府上看见你，却是意外之喜。"孟浩然赶忙回答道。

"原来你们认识，那正好，省去我还得介绍的麻烦。"张九龄笑说。

事后王维才知道，是孟浩然的一首诗打动了张九龄，张九龄最是爱惜人才，所以留下孟浩然，让他等待科考的机会。孟浩然曾在见张九龄的时候，呈上了一首表明自己心志的诗歌：

> 八月湖水平，涵虚混太清。
>
> 气蒸云梦泽，波撼岳阳城。
>
> 欲济无舟楫，端居耻圣明。
>
> 坐观垂钓者，空有羡鱼情。
>
> ——孟浩然《望洞庭湖赠张丞相》

张九龄在看到"气蒸云梦泽，波撼岳阳城"两句的时候，不禁拍案叫绝，这才有了今天的相遇。

王维被张九龄催促，拿出了最近自己的作品："这是我前些日子路过青溪的时候，看见景色很是适意，随口作的，还望二位兄长多多指教。"

言入黄花川，每逐清溪水。

随山将万转，趣途无百里。

声喧乱石中，色静深松里。

漾漾泛菱荇，澄澄映葭苇。

我心素已闲，清川澹如此。

请留盘石上，垂钓将已矣。

——青溪

"水依山势，蜿蜒多姿，让人有应接不暇之感，这定是沿着溪流北上时的景色。"张九龄先开口道。

"这'声喧'二句，竟然有了画作的感觉，好像是听到了泉水激荡打在山石上的音乐。泉声松色，动静相映成趣，让人有身临其境之感哪。"孟浩然道。

"最妙的是最后，人与自然和谐统一，竟达到了一种无我之境。我说王维，你这诗作果然是进益了，以后切不可再拿应酬之作糊弄我们了啊！"张九龄玩笑着说。这一刻，没有宰相也没有布衣，只有三个喜爱诗赋的忘年之交，在府内凉亭中谈诗论画，好不惬意。

惬意的时光总是过得很快，这年冬天，张九龄的母亲去世。按照朝廷的规矩，张九龄要回家丁忧三年。王维去看望张九龄后，回到家中，耐心地继续等待属于他的机会。这时候，宛如已经怀胎九个多月了，即将临盆的宛如又兴奋又害怕。王维也紧张地准备好了一切，只等新生命的降临。

又是一个红梅盛开的季节，王维失去了这辈子最重要的人。这日，宛如突然临盆。王维在外面焦急地等待着，刚刚开始时，一切都很顺利，突然里面传出了惊呼：难产！古代医疗水平有限，女人生育相当于在鬼门关走了一遭。一旦遇到难产这样的特殊情况，也只能听天由命，并没有人力可以改变的办法。

不幸的是，宛如在这一次并没有得到上天的眷顾。她生下了一个死胎，人也随之而去。王维刚刚还在期盼的喜悦里，转瞬就失去了自己最重要的人。他呆立原地。外面又下起雪了，几年前的那个晚上也是这样的天气，也是红梅开放的季节，宛如还站在这里与他打闹，他还紧紧地牵着她的手。可是如今，眼前的人已经没有了血色，苍白的唇、无神的眼睛无不昭示着即将来临的永别。

"表哥，不要难过，这一切都是前世的因果。这一生，能与你做夫妻，是我最幸福的事情。"宛如费力地抬起手，想抚平王维紧紧皱起的眉头。

"宛如，不要走，不要丢下我一个人，外面的世界太冷了。你答应过我，我们还要一起抚养好多孩子。"王维早已经泣不成声。

宛如笑了，微弱地，轻柔地，好像是看到了许多孩子承欢膝下的情景。"表哥，珍……重，永……""别"字还没有说出口，宛如的手就滑落了下来。

王维紧紧地抱住了他的妻子，他想跟她多待一会儿，再待一会儿。眼前这个女子，像落花一样，缓缓地飘落在自己眼前。

宛如，从此以后，除却巫山不是云。

辋川居隐士

　　红梅占尽满园冬景，血色般浪漫。王维一个人站在雪地里，呼啸着的北风卷着鹅毛拍打在他的脸上。发上、眉上积了厚厚的雪，他不知自己在雪地里已经伫立了多久，也不知还要站到什么时候，他一遍一遍告诉自己，这是个梦。可是梦醒了，他无路可走。真假有无，不也是相生相克？假作真时真亦假，无为有处有还无。雪下了一夜又一夜，冰冻了这颗已经千疮百孔的心，可泪依然是热的。痛失妻和子，双重打击让王维停止了思考。

　　"老爷，您回屋吧，再这样站下去，您的身体会吃不消的。"茗儿是王维身边最亲近的小厮，他忍不住劝道，"人死不能复生，夫人也不希望看到老爷这样糟蹋自己的身体。"

　　"夫人？夫人回来了？"王维猛然回头，眼中全是震惊。可是在看见茗儿的下一秒，他又恢复了原本的神态，没有表情地站着。茗儿无奈，只能去找二老爷王缙来劝劝。

　　王缙匆匆走进来，他什么都没有说，只是安静地站到王维的旁边。自己哥哥的性格他是知道的，至亲至爱之人的离开，任谁也不能平静。这么多年，他第一次仔细观察哥哥。他还是跟早年一样，一袭白衣，额冠高耸。可是他的眉宇间早没有了锐气，一片祥和中透着浓浓的哀伤，有一种绝望的凄凉。王缙明白，有些痛，不经历的人永远无法感同身受，再多的话语都是隔靴搔痒。最好的安慰莫不如与你一同经受。

一幕一幕的画面在王维眼前跳跃，停留，然后消失掉。一个鲜活的身影，走进来，轻轻地握住他的手，浅吟低笑，然后越走越远，直到背影朦胧模糊。这个过程一遍一遍重复，直到后来他什么也看不清楚，空荡荡只剩下一地洁白的雪。不知站了多久，王维回身发现了弟弟竟在身旁。

"何时来的？怎么在这里站着？"他迷惑地问。

"哥哥，你在济州任上那几年，大嫂就站在你现在的位置上，日日盼着你回来。"

王维等着弟弟的下文，他知道弟弟绝不会平白无故说这些话。

"那时嫂嫂最爱吟诵的一首诗，你可知是什么？"

王维摇摇头，迫切地看着王缙。

王缙终于放下心来，这个面无表情的人终于有了人气儿。叹口气，他悠悠地念道：

长相思，在长安。

络纬秋啼金井阑，微霜凄凄簟色寒。

孤灯不明思欲绝，卷帷望月空长叹。

美人如花隔云端！

上有青冥之高天，下有渌水之波澜。

天长地远魂飞苦，梦魂不到关山难。

长相思，摧心肝。

——李白《长相思》

念完后，王缙什么都没有说，只是静静地站在王维身侧。

"长相思，摧心肝。长相思，摧心肝。"王维嘴里反复念叨着这两句，然后一下子明白了宛如的心意，当时她是如何站在这里，如何苦苦等待，日日期盼。宛如期盼的不但是自己归来，更是自己健康地归来，幸福地归来。宛如她不希望看见自己落魄的样子，不希望看到自己难过的样子。王维紧紧地抱住王缙，号啕大哭。王缙放下心来，知道哥哥不再将悲伤郁结在心中。剩下的心结，不是自己能力所及的了。

在弟弟和朋友的张罗和帮助下，王维给妻子办了一场极尽凄婉真诚的葬礼。随着宛如一起埋葬的，还有王维的爱情。这颗心，这辈子不会再属于第二个女子。心结虽然没有打开，可是王维已经回到现实中了。只是曾经沧海难为水，现在的王维也只能为伊消得人憔悴了。

年关到了，王维决定回蒲县老家陪伴母亲。家永远是一个人的避风之所，你春风得意的时候未必会心心念念，可是一旦遇到心中无法释怀的事情，家一定是最好的选择。

母亲身体很健康，祥和的脸上爬满了岁月的痕迹。她已经知道了儿子中年丧妻的事情，王维刚刚还在为难如何告诉母亲这个消息，如何劝慰母亲，没想到母亲这么平静地接受了现实。崔氏太了解自己的儿子，他虽然醉心于佛教，可心中的执念依然没有退却。所以他想不明白的事情，会极尽自我折磨之能事。看着儿子消瘦的身体，作为一个母亲，崔氏心疼极了。

这日清晨，梵音响起，母亲坐在蒲团上，默默祝祷。檀香弥漫着安宁的味道，王维陪在身侧，看着虔诚的母亲，自己似乎也有一瞬间忘记了痛苦。崔氏念完经，起身走到里间，王维随着母亲一起走了进去。崔氏坐定，抬头凝视了一会儿窗外，缓缓地说道："《楞严经》中佛陀有云：'若能转境，则同如来。'孩子，此话怎解？"

王维想了想，说道："人生所遇，莫不是境也，喜是境，悲是境，哀、乐皆为境。人若要心不动，则事不动。心不动之人，遇境则需转之。母亲是想告诉我学佛最要紧的就是学会转境界，不要被境界转。对吗？"

"嗯。顺境就要放下贪爱，逆境要放下嗔恚。不管外面的境界变化多大，时刻保持心平气和。处逆境，随恶缘，无嗔恚，业障消除；处顺境，随善缘，无贪痴，福慧现前，安住当下。你与宛如之事，全在前生今世之缘由，来之则安。如今去之，你何苦执念不放？"

王维沉思不语，崔氏也不去打扰他，径自做自己的事情去了。

良久，王维终于明白。佛法不是求于他人，而是求于自己。真正的佛家弟子就是一个人，一个善良的人，懂得利用佛法降伏

行到水穷处，坐看云起时　王维诗传

自心，消除傲慢、嗔心、烦恼。今日自己的执念一直不放下，缘由竟是自己从未真正体味到佛学的精髓。

这么多天，宛如的离世一直在王维的伤口中幽居，他放下过天地，却从未放下过宛如。王维愿意与她一起走遍自己生命中的万水千山，可是，这人世间，除了生死，哪一桩不是闲事？

母亲的话犹如醍醐灌顶，让哀伤的王维真正从痛失宛如的困境中走了出来。经过淬火锻造的王维，犹如通体晶莹的美玉，凤凰涅槃般重生。这一刻，王维有了自己的新生。在之后的人生里，王维于感情之事上，看破、看透、看真，不再为此而困扰。

王维转身走进自己儿时的书房，这里很小，很简陋，可是最能抚慰他此刻的心情。案上的毛笔排列整齐，王维自己磨起了墨，慢慢地展开画纸。毛笔在纸上缓缓转动，浓浓的笔墨勾画出山峦的巍峨，淡淡的墨色描绘出温柔的流水，浅灰色的墨色是屋舍与家禽。

这张画中没有色彩，只有墨色和水色。这是他和宛如在淇水之泮的家舍，这是缅怀之作，可是没有一点悲伤，全是自然宁静，在自然中取景，在自然中取境，在自然中取情。虽未写实，可是由强烈的自然之美可见王维此刻的心境。也是从这张画开始，王维形成了自己独特的画法——破墨画法，即用墨加水来调制出浓淡不同的层次，用以渲染，代替青、绿设色。

想起隐居时候的淡定从容，王维决定到辋川山中隐居。

春寒料峭的时候，他离开了家，赶回长安。与弟弟交流了想法后，他整理行装，带着小厮茗儿，到辋川隐居。王缙虽然与王维一样对佛学颇为推崇，可是由于王缙在官场上一直顺风顺水，所以难以体味到王维心态的变化。对待哥哥这种时隐时仕的矛盾心态，他并不能完全理解，对这种行为也不甚认同，可是他尊重哥哥的选择。

山林之宁静，让人的身心都从容了。所谓事过境迁，王维的心情也好了很多。这样一个宁静的春天，万物复苏生长的时节，也是王维新生的时节。

夏日里，山林中，馥郁葱葱。王维在茅舍中品诗，晌午，夏日炎热的气息从地上升腾起，有些懒懒的。王维放下书，凝视窗外，古树参天，一片墨绿映入眼帘。侧耳细听，不知从何处传来了古寺的钟声，在这隐居几个月了，王维笑自己竟然从来都没有注意过这里还有钟声，又或许这钟声从来都没有响起过吧。

王维起身向外走去："茗儿，听见钟声没有？"

"老爷，是山那边的古寺，离这里很远。"

"我竟从来也没发现，走，一起去拜访一下。"

"老爷，现在外面暑热难耐，一会儿太阳快下山时再去吧。"

等日头不那么毒辣了，王维带着小厮循声找去，两人走了将近两个时辰，到古寺门口的时候，正好是日暮时分。这古寺简单却不简陋，门前干净清爽，松柏郁郁葱葱。山门上一块干净的牌匾，走近一看，写的是"感化寺"三个大字。王维看见一个垂垂老者站在寺门山院前面。他穿着灰色的衣服，拄着拐杖，似乎在迎客。王维走上前去，作了个揖，说道："大师，在下王维，在山中居住，今日中午偶然听到钟声，循声寻来。不知能否与大师一谈？"

"贫僧昙兴，施主请随我来。"

二人移步禅房，花木深深、曲径通幽之处，有一个安静的小屋子。王维和昙兴和尚一同进入屋内。那里有一壶煮好的清茶和一盘残棋，王维竟不自觉坐到榻上，考虑起下一步该如何走。

梵音响起，王维只觉内心清寂，忘记自己是客了。

"施主请随意，这盘棋是我老师留下的残局，至今还没有人能破，施主可自行看看。"

"见笑了。"王维继续研究眼前的棋局，不知不觉天暗了下来。

他款步向外走去，外面一片寂静，这寺中好似没人一样。王维会意笑笑。

"贫僧在此几十年，从未见过施主一样心静之人，此处并非事静，而是施主意静也。"

"上人定是高僧，能参透这其中的佛理。"

二人又谈了很久，竟不记得要吃晚饭。昙兴在客房给王维和小厮收拾出一间房，让二人今晚暂时住在这里。夜晚太过寂静，山上或许有野兽也未可知，所以二人不便赶回住所。

梅子成熟季节，山中阴晴不定，傍晚开始下起了小雨，只是王维过分专注于棋局，竟未发觉。此时，万籁俱静，王维自己一人站在院中看山景。空山在新雨之后清净空灵，清泉缓缓流动，拍打在石头上，仿佛在石头上流淌。王维想起日暮时分来时看见的情景，想起来刚刚与昙兴和尚交谈时他的谈吐，转身回到房间，写下了一首诗歌：

暮持笻竹杖，相待虎溪头。

催客闻山响，归房逐水流。

野花丛发好，谷鸟一声幽。

夜坐空林寂，松风直似秋。

——过感化寺昙兴上人山院

上人是对和尚的敬称，王维以深夜静坐山寺的空寂表现出昙兴上人的超逸不俗。虎溪典故的应用，以高僧慧远比作昙兴以表示敬重。山中的回响，绕院水流，野花自发，谷鸟自鸣，自得其趣。最后写夜深空林静坐的感受，有达摩面壁的意味，禅趣极深。

第二日，王维将写有这首诗的纸压在案上的砚台下，径自带着小厮离去。这诗是告辞最好的形式。

第五章

宠辱不惊，去留无意

王孙自可留

春华秋实，清风明月。山中岁月，王维最爱的是那份宁静的自然之声。深夜独坐，月上梢头，皎洁温柔。清风拂过，夏日里特有的声音响起，树叶发出"沙沙"响声，蝉鸣愈躁心愈寂静。王维极目远望，郁郁葱葱的墨绿色尽收眼底，与自然相伴，王维渐渐地了却了心中之烦恼。其实，人世间一切的痛苦与烦恼，都是源自追求错误的东西。世间处处都有悖论，你越是想得到的东西，就越是容易会失去；你越是在意的东西，就越是容易得不到。既然如此，何不放下，又何必苦苦追寻、苦苦自扰？

王维还是在原本的地方，静坐，冥思。望着，望着，眼前的黛色青山变成了火红的颜色。一叶知秋，簌簌飘落的黄叶，让自然变得冷清起来。阵雨过后，清凉的气候让山林愈发干净，秋天的味道慢慢蔓延开来。

空山新雨后，天气晚来秋。

行到水穷处，坐看云起时   王维诗传

明月松间照，清泉石上流。

竹喧归浣女，莲动下渔舟。

随意春芳歇，王孙自可留。

——山居秋暝

　　佛教讲求四大皆空，王维此刻的心境大抵如此。傍晚时分，淅淅沥沥的小雨洗净了山中的尘埃。秋雨过后秋色愈浓，一切都迷蒙起来。月光自上而下，透过松林之间，疏疏朗朗地从松叶之间倾泻下来，这月光朦胧又明亮，似乎可以用心去数一数。流水叮咚穿过山中的石头，像音乐一般悦耳。王维是爱音乐之人，这流水声是大自然的乐曲，有着天然去雕饰之美。这不仅是一幅恬静、淡远的秋色晚景图，还呈现出了山水画难以表现出的动态美、声音美，诗人由于有在音乐方面的造诣，因此更能精准地感受到自然山水音响的协奏。竹林中传来的阵阵欢声笑语，那是浣纱女子归来了吧？王维仿佛看到了莲叶翻滚、渔舟荡水之情景，是渔人乘着月夜去捕鱼了。山村居民的淳厚、朴实、勤劳让王维觉得心安。人是一切景物中的点缀，正如自己是这天下万物苍生中的尘埃。可是人的出现，会使原本美丽的画面更加增添一种灵动、飞扬的色彩和情调。正如自己，虽然隐居在这终南山中，或许也会为世间增添一抹灵动的色彩吧。虽然如此，可是任世事如何变化，王维还是愿意追随自己的心，自可留在这份灵动的自然中隐居，只有在这里才能惬意地体验佛学的真谛。

　　山中一日，世间千年。此中所谓千年，是指世事变化之快。开元二十二年（公元734年），宰相张九龄丁忧完毕归朝，他开始实施自己的宏图大志。因为张九龄的回归，主维也有了再次出仕的机会。

开元二十二年（公元734年）冬天，经过张九龄的推荐，王维奉命出任朝廷右拾遗一职。

拾遗是唐代的言官，取"发现官员遗漏"之意，武则天垂拱元年（公元685年）设置。左拾遗罝千门下省、右拾遗置千中书省，与左右补阙相同，位从八品上。以谏为职的官员称作谏官，又形象地被称作言官，但言官亦指监察官员，类似千谏议大夫、补阙、正言、司谏之类的官员，专挑皇帝的毛病，在唐朝的翰林院供职。

右拾遗一职虽然官职不大，只是普通的言官，可是做右拾遗的这段时间，却是王维在官场上最为适意的阶段。一方固因为他可以近距离接近皇上，另一方面也因为是自己亲近的张九龄为相，政见和做法都与他相同。所谓志同道合，所以做起事情来格外舒心。张九龄对王维的提拔也不仅仅因为王维是其党羽，更因为王维的所作所为与他政见相同，所以提拔王维更有利于实现自己在政治上的抱负。

王维虽然是心思宁静之人，可更是一个喜好结交朋友的诗人。既然王维回到了长安，就不得不涉及一个与王维渊源颇深之人，这个人是孟浩然。

开元十六年（公元728年），孟浩然在长安参加科考，可是竟然意外落第。在此之前，因为受到张九龄和王维的赞誉，孟浩然早就名满长安了。所以即使这次落第了，孟浩然也不打算归乡，他决定留在长安继续寻找机会。开元二十二年（公元734

年），王维归来后，二人往来频繁。

这日，王维邀请孟浩然到自己办公的地方——翰林院见面。谁知孟浩然刚到，唐玄宗也随后而来。

"皇上怎么会来？现在怎么办？"孟浩然问道。

"孟兄先不要着急，且随我去迎驾吧。"

"我看我还是先找个地方躲一躲，等皇上走了再出来比较妥当。"

从来没有想过能见到皇上的孟浩然一下子慌了神，况且他擅自出入翰林院，这是大不敬，所以一时情急之下，孟浩然躲到了床下。

"孟兄，孟兄，唉！"

"皇上驾到——"此时，高力士尖细的声音已经传进了屋内，王维再没有机会劝说，连忙整理衣衫，起身接驾。

一袭黄袍走了进来，旁边的高力士小心地赔着笑脸。唐玄宗一身常服，看来没有什么重要的大事，也许皇上只是偶然兴起，游玩至此。王维心里想着。

"臣王维参见皇上，未能远迎接驾，请皇上降罪。"王维朗声说。

"爱卿平身，朕今日闲来无事，刚游过御花园，想起来爱卿最擅音乐，所以过来逛逛。"

自己私自邀请别人来翰林院，已经是对皇上的大不敬。如今若不如实相告，就是欺君之罪，欺君之罪可是要杀头的。想到这里，王维又无意中看见孟浩然的衣袂竟然露了出来，看来想隐瞒已是不可能的了。王维看了看玄宗的神色，玄宗的心情看起来还算愉快。王维就想着：索性告诉皇上真相吧，当今圣上是贤明之君，且颇为爱惜人才，说不定孟浩然可以赢得皇上的赏识呢。想到这里，等皇上坐定，王维便跪了下来，开口道："臣有罪。"

玄宗微微眯起眼睛，笑容依然挂在脸上，可是声音中多了几分冷峻："爱卿何出此言哪？"说罢，看似不经意地看了一眼床下。

见状，王维说道："孟兄，还不快点出来叩拜圣上。"

孟浩然虽然慌张，却也不是无知小民，从床下出来后，略微整理衣衫，快步上前："草民孟浩然，叩见吾皇万岁！"

玄宗坐在椅子上，不动声色地看向王维。

王维赶忙解释道："孟浩然是臣的朋友，今日闲来无事，与臣相约品诗，所以臣邀请他来到翰林院，领略一下天家气派。不想皇上驾到，孟浩然一时担心，竟然藏在了床下。臣考虑再三，觉得自己私自邀请无官爵之人到翰林院，已经不敬，不应该再欺瞒皇上，所以向皇上说出实情。臣有罪，请皇上降罪。"

听王维解释完，玄宗并未急着下结论，而是上下打量眼前的孟浩然，良久，玄宗开口道："可是写《望洞庭湖赠张丞相》的孟浩然？"

"正是草民，草民自知今日犯了不可饶恕之罪。此事是草民久久仰慕天家威仪而不得见，所以再三央求王大人带草民开开眼界，以致酿成今日大错。若有罪，草民愿意一人承担。"孟浩然不紧不慢地说完想说的话，等待玄宗发落。

"既然是张丞相都赞扬的有才之士，那就作首诗来听听吧。"

王维和孟浩然都是一愣，还未开口，就听高力士不疾不徐地说道："圣上这是不追究二位了，还不快点叩谢皇恩？"

"谢皇上！"

"平身吧。"

孟浩然和王维站起来，孟浩然想了想，张口吟道：

> 北阙休上书，南山归敝庐。
>
> 不才明主弃，多病故人疏。
>
> 白发催年老，青阳逼岁除。
>
> 永怀愁不寐，松月夜窗虚。
>
> ——孟浩然《岁暮归终南》

　　孟浩然此时对自己屡试不第充满了怨言，这首诗表面上看是在写自己仕途失意的忧思，一连串的自责，实际上却是在向皇上表明心迹，诗中不免流露出不尽的怨天尤人之意；表面上说自己一无可取之言，实际上却怨才不为世用之情。

　　当听到"不才明主弃，多病故人疏"一句时，王维的手心出满了冷汗。心想着：孟兄怎么如此冲动，虽然他声称当今圣上是"明主"，可是若真是"明主"，又怎么会让贤能的人出仕无门，这明明是在骂皇上不懂得重用人才，是个昏君！

　　皇上的脸色看着并未有太大的变化，可是王维心中明白，但又不敢劝，一旦皇上没有往这方面想，自己说了出来岂不是误导了皇上。

　　"卿不求仕，而朕未弃卿，奈何诬我？"最后，玄宗语气不善地说。其意思为："既然是你自己不想做官，又不是我不给你机会，为什么还这样诬赖我呢？"

看见玄宗生气了，高力士马上说道："大胆刁民！来人哪，还不拖下去！"

"皇上恕罪，孟浩然并无此意，还望皇上明察。"王维赶紧出言相劝。

玄宗也不希望自己留下一个杀害贤才的骂名，所以并未打算杀掉孟浩然。可是这孟浩然竟然意指自己是昏君，实在可气，所以他说道："既然卿并不求仕，想要归隐山林做闲云野鹤，那朕也不为难你。来人哪，赐黄金百两，送孟卿归乡。以后不得有人强迫其出仕！"

玄宗说罢，拂袖而去。

"皇上起驾！"又是高力士尖细的声音，此刻听在王维的耳中却是那么刺耳。没想到孟浩然这样就失去了做官的机会，看来这一生，孟浩然也不会再有实现愿望的机会了。赐金放还，明明就是不再允许他进入仕途。所谓伴君如伴虎，王维今日才算有了深刻的体会。他不知用什么样的话语才能安慰此刻的孟浩然，可又不能不表示，只能勉强地说道："孟兄不必担心，等皇上气消了，我会替你求情的。"

"贤弟不必麻烦了，圣上今日的态度已经很明显了。况且我的年龄也大了，近年来的兴趣也不全在此，正好可以借此机会隐居山林，享受晚年的生活。"

听闻这日的事情，大家都唏嘘不已，可知君心难测。孟浩然一代才子，在这之后，果然再也没有了出仕的机会。

次年，张九龄被封为始兴伯，王维写了下面这首诗表明心迹：

宁栖野树林，宁饮涧水流。

不用坐梁肉，崎岖见王侯。

鄙哉匹夫节，布褐将白头。

任智诚则短，守任固其优。

侧闻大君子，安问党与仇。

所不卖公器，动为苍生谋。

贱子跪自陈：可为帐下不？

感激有公议，曲私非所求。

——献始兴公

　　这是王维写给张九龄的诗歌，也是表明希望得到更进一步提拔的言志之作。他首先表示，自己宁可隐居山林，布衣到白头以保全名节，也不愿意为了功名富贵而去"崎岖见王侯"。同时也表现出了自己的政治理想和积极用世的想法。钟惺在《唐诗归》中的评价："不读此等诗，不知右丞胸中有激烈悲愤处。"

欲静风不止

开元二十四年（公元736年），张九龄遭到贬谪，王维的命运也随之发生变化。

说到张九龄遭贬，必须要先提到一个遗臭万年的奸臣——李林甫。李林甫（公元683—752年），唐宗室，小字哥奴，善音律，会机变，善钻营。开元二十二年（公元734年）五月，与张九龄几乎是同时拜相，不同的是，李林甫的官职为礼部尚书、同中书门下三品。开元二十四年（公元736年），李林甫通过高力士的帮助，窥伺皇上的圣意得逞，向玄宗进谗言直接导致张九龄被贬。年底，代替张九龄成为中书令，独揽大权。李林甫居相位十九年，专政自恣，杜绝言路，助成"安史之乱"。天宝十一载（公元752年）十月抱病而终。李林甫死后遭杨国忠诬陷，还未下葬便被削去官爵，他的子孙也流放岭南，家产全部被没收，改以小棺如庶人礼葬之。

李林甫在做宰相之前曾经是吏部侍郎，吏部主管官员的升

行到水穷处，坐看云起时　王维诗传

迁，相当于现在的组织人事部，自然可以与很多官员来往密切。奸佞多狡诈的李林甫利用官职之便，与众宦官、妃嫔交情深厚，所以在体察皇上的想法和了解皇上每天的一举一动上，李林甫的眼线遍布宫里宫外，因此每次都能顺皇帝心态奏旨，获得唐玄宗赏识。由于当时武惠妃最得宠，其子寿王瑁也最受玄宗宠爱。李林甫便依附武惠妃，极尽谄媚之能事，得以擢升为黄门侍郎。开元二十二年（公元734年）五月二十八日，玄宗任命裴耀卿为侍中，张九龄为中书令，李林甫为礼部尚书、同中书门下三品。

张九龄为人正直，对待治国安家有独到的见解，历史上有名的开元盛世的开创与这位贤相有很大的关系；而李林甫狡诈奸佞，唯皇上的喜好马首是瞻，不顾百姓的死活，一心只为了讨好权贵以加官晋爵。同朝为官的张九龄虽然无法铲除这样的奸佞之臣，但也绝不会苟同于他的看法。这矛盾的种子埋下两年之后，终于爆发了。

开元二十四年（公元736年）的一天，玄宗与一众大臣商议官员升迁的大事。在此之前，高力士已经将消息传递给了李林甫，据说玄宗有意提拔范阳（今北京）节度使张守圭为宰相。朝堂之上，玄宗说道："张守圭屡次立下赫赫战功，其为人又忠勇，朕以为可以擢升他做宰相，众卿意下如何？"

"张将军深受将士爱戴，为人又忠厚老实，确实可堪大任。吾皇圣明！"李林甫赶紧说道，生怕别人先说抢了他的头功去。

"皇上，臣以为此事还应三思。"张九龄缓步上前，说出自己的看法。

"哦？爱卿有何高见？"

"臣以为，张将军英勇杀敌，堪为武将之典范。而宰相一职，多为文官所任，且工作琐碎异常。武官之职在沙场，若论行兵布阵，无人能出张将军之右，可若论处理政事，臣窃以为还是选任文官为妙。"

玄宗心思缜密异常，岂不知张九龄的言下之意。作为一个将军，张守圭做到节度使已经是皇恩浩荡。他本身受到将士爱戴，一旦任其权力做大，以后恐难以把持，形成尾大不掉之势。可是自己不是也怕张九龄的相权高于皇权，最后把自己的权力架空吗？治国之道，在于平衡。玄宗权衡良久，沉声道："丞相所言甚是，此事容后再议吧。"

又一日，玄宗、张九龄和李林甫在内堂议事。玄宗想重用当时的朔节度使牛仙客，所以他说道："朕意欲任命牛仙客为尚书，两位爱卿意下如何？"

"臣以为牛仙客出身寒微，其资历尚不足以任此高职。"张九龄正色道。

"爱卿既然认为牛仙客并非高门之后，那么爱卿自己何尝不是曾经出身寒微？"玄宗不悦道。

"微臣出身于穷乡僻壤，不如牛仙客出身地大物博的中原地区。但微臣虽出身穷山恶水，可是臣有皇上教导，出入于台阁，

行到水穷处，坐看云起时 王维诗传

但牛仙客常年驻守在穷乡僻壤，如果一定要破格录用他，恐怕难以服众！"张九龄的话掷地有声，玄宗也不得不考虑他的话。

这时，善于察言观色的高力士马上站出来缓解僵局了："皇上，时辰不早了，午饭的时候到了，不如先用膳吧？皇上您的龙体重要啊！"说罢，他向李林甫使了个眼色。

"臣等告退！"李林甫赶紧拉着张九龄走了出去。

用过午膳，李林甫又回到宫中陪伴皇上。他看准时机，对皇上进言："臣以为，牛仙客可堪大任。皇上用人，只要这人是人才即可，何必在意出身呢？皇上一言九鼎，何必受制于区区臣子？"

翌日早朝，玄宗先颁布了任命牛仙客的政令，然后解除了张九龄的中书令一职，迁九龄为尚书右丞相，罢免了他知政事的职位。这是一次皇权与相权的斗争。玄宗选择这么做不是不知道李林甫的用意，可是他更不能允许张九龄做大，威胁到皇权，换言之，他需要削弱张九龄的权力，扶持李林甫，从而使二人的权力达到平衡。二人都不可以做大，这样才有助于稳固自己的皇权。

身处于权力漩涡中心的王维，此时已经感知到张九龄深处困境了，可是他没有办法做什么事情。一则自己官职微小，二则玄宗既然忌惮张九龄势力过大，若自己在这时谏言，不但帮不了张九龄，反而会加剧形势的紧张，还有可能连累自己。无法抒发自己心中郁结的王维，只有用诗歌来表达自己的担忧：

绿树重阴盖四邻，青苔日厚自无尘。

科头箕踞长松下，白眼看他世上人。

——与卢员外象过崔处士兴宗林亭

诗中的崔兴宗是王维的内弟，当时隐居未仕。诗中赞美了崔兴宗不合流俗的清逸品格，是赞美崔兴宗的为人，更是自喻，也是以此来劝慰在政治上举步维艰的张九龄。

不久之后，张九龄举荐的监察御史周子谅弹劾牛仙客，唐玄宗因此动怒，不但严惩了周子谅，杖毙了周，还因为这一项罪名连坐张九龄，认为他举荐非人，贬张九龄为荆州长史。年末，李林甫取代了张九龄的职位，任中书令，成为烜赫一时的宰相。李林甫左右钻营，党同伐异，又笼络宠用藩镇将军。这时候的盛唐已经是金玉其外，败絮其中。朝廷之上李林甫、高力士等奸佞之臣当道；朝廷之外，藩镇割据现象逐渐形成。"安史之乱"的隐忧已经形成。确切地说，唐朝由盛转衰就是从这时候开始的。

得到张九龄被贬消息的王维，心中着实郁闷。自己敬重的宰相不得志，奸臣当道，在李林甫的统治下，王维知道自己必定没有机会。王维又想到几年前踌躇满志的宰相，如今落败被贬，心中不免难过。开元二十五年（公元 737 年），王维写下了下面这首诗，以劝慰张九龄：

所思竟何在，怅望深荆门。

行到水穷处，坐看云起时　王维诗传

举世无相识，终身思旧恩。

方将与农圃，艺植老丘园。

目尽南飞雁，何由寄一言。

——寄荆州张丞相

张九龄是一位贤相，又对王维有知遇之恩，他的被贬对于王维来说，意味着他理想中的开明政治梦想的终结。这首诗寄托了王维对张九龄深切的怀念和对张九龄的知遇之恩的感谢。同时，王维也认清了现实状况，抒发了世上无知音的伤感，表达了自己将要归老丘园的情感。最后写鸿雁尽皆南飞，表现了自己难言的隐痛，其意在言外。

王维已经做好了再次被贬的准备，因为面对李林甫及其党羽，王维实在没有办法违背自己的初衷与之斡旋。王维曾经在自己的诗中这样写道：

洞门高阁霭余晖，桃李阴阴柳絮飞。

禁里疏钟官舍晚，省中啼鸟吏人稀。

晨摇玉佩趋金殿，夕奉天书拜琐闱。

强欲从君无那老，将因卧病解朝衣。

——酬郭给事

郭给事本名郭慎微，为人卑微猥琐，是李林甫宠用的人，常常为李林甫代笔。他的年龄比王维小，可是官职比王维大很多。

这首诗首联写暮春禁宫晚景，颔联写给事入晚在省中值班；颈联称颂郭奉职勤勉；最后写自己将要以老病归隐田园，表明不会与他一样谋求晋升。这首诗表面是一首酬和之作，可处处表现出讽刺的意思，以及道不同不相为谋的意思，可见王维对李林甫等人的态度。

可是事情常常与预想的不同，李林甫不但没有剪除张九龄的党羽王维，反而重用了他。张九龄被贬后，王维奉命出塞。开元二十五年（公元737年）春，河西节度使崔希逸袭破吐蕃。初秋时候，王维以监察御史的身份前往边地，并任节度判官。节度判官的职责是监察节度使，即监视崔希逸。

从长安出发，王维的车马队伍并不庞大，只是单车单骑。他并不需要担心自己的安危，因为将要路过的地方都是唐朝的属国。走了半月有余，已经过了居延国。初秋之景，这漫天飞舞的飞蓬也是来自千里之外的吧？成群的大雁正翱翔在塞外的天边，天高地阔，看到此情此景，王维的心境也开阔了不少。眼前是寥廓的大漠，漫天黄沙中许是有一块小小的绿洲，里面住着勤劳淳朴的百姓。浩渺的沙漠中升起了炊烟，一定是绿洲中的人家；浑圆的落日缓缓地落在了黄河的尽头，眼前金黄一片，人置身其中，仿佛也沐浴了阳光的色彩。不入边塞，人不知自己的渺小，不能体会到天地的广大。

单车欲问边，属国过居延。

征蓬出汉塞，归雁入胡天。

大漠孤烟直，长河落日圆。

萧关逢候吏，都护在燕然。

——使至塞上

　　王维正欣赏着这大漠美景，萧关已在眼前了，他遇到了侦察的士兵，问了才知道，大都护已经在燕然关等候了。他加快了步伐，赶紧前往。

　　从小一直生活在中原的王维，有机会领略了塞外的风光。这次单车出塞，王维一改以往唯有追求宁静冥思的习惯，心里不免有些豪情壮阔喷薄而出。

　　这些壮丽的风光，让王维暂时忘记了政治与仕途，只一心沉醉于这辽远的大漠情怀。如果说塞外的景致是一幅壮丽的画，那么王维的诗歌就是表现这画的有力的笔。王维笔下描绘的塞外风光，美丽，寥廓，宁静，安详。

　　这一时期，王维写了很多边塞诗，其诗歌的风格一改以往深夜独坐冥思的主题，以阔大的笔端抒写了一个已近不惑之年之人的胸怀。他的诗歌图画不再清冷安静，而是变得很有气概。"浑灏流转，一气喷薄"，其气有如江海之浮天。

居延城外猎天骄，白草连山野火烧。

暮云空碛时驱马，秋日平原好射雕。

护羌校尉朝乘障，破虏将军夜渡辽。

玉靶角弓珠勒马，汉家将赐霍嫖姚。

———出塞

　　从这时起，王维开始了他的蹉跎岁月和辗转仕途。他经历得越多，他的阅历越丰富，这为他以后的诗才和生活，埋下了浓墨重彩的一笔。

行到水穷处，坐看云起时　王维诗传

故人不可见

一路向西，斜阳残照，王维一行人已经走了一月有余了。

"茗儿，你去问问前面是哪里？"王维对下人说道。

"回大人，前面就是大散关了。"

王维掀开马车上的窗帘看了一会儿，然后略带兴奋地说道："快些入关，今晚歇在那里。"

这就是大散关！王维心中满是欢喜，他没想到自己有生之年能够亲眼看见这样的古迹。有关大散关的典故一个一个涌上心头：大散关是关中通向西南的唯一要塞，有很重要的战略地位，是关中四大门户（东有函谷关，南有武关，西有大散关，北有萧关）之一。据史料记载，这里曾经发生过七十多次战役。楚汉相争时候的"明修栈道，暗度陈仓"就曾经过这里，三国时期曹操西征张鲁也途经此地。这里不但是兵家必争之地，更是从古到今文人墨客、达官贵人甚至于普通百姓的游览之处。

王维想起自己小时候曾经看过的一场声势浩大的狩猎，那时的自己很是羡慕纵马驰骋的英雄气概。塞北自古出英才，自己置身于这种环境中，竟然也有了策马扬鞭的激情！晚上，王维在客栈中看接下来的地图。凉州在南，接下来要继续往南走，到达黄花川后再补充一些粮食和水。

塞北的景色虽然壮阔，可毕竟是人烟稀少之地，路途遥远崎岖，走起来很是费力。可也正因为这里文明程度较低，王维才能足足领略大自然的鬼斧神工。翌日清晨，因为要走山路，王维一行人弃车换马，继续出发。

登上山路后才发现这里行路之难，难于上青天。盘山路几乎成"之"字形，陡转千回，小路很窄，只能容下两个人并排走，山下面是望不见底的深渊，如果人掉下去一定没有生还的机会，人们走几里就要好好休息一下。他们走了近一日，才战战兢兢地通过了这段山路。

"总算是过来了，刚才吓死了！"仆人们正议论着刚刚的惊心动魄，王维却看见一行人朝这边走过来，原来是特意来这里游玩的。

"几位小哥，请问去黄花岭是不是这条路？"王维问道。

"嗯，对，沿着这个方向一直往前走，你们就能看见了。"

王维向前方看看，郁郁葱葱的大树遮挡，看不清路的尽头，好似旅客时隐时现在树林中。林中有潺潺的流水声，清凉激荡。走了半日，一行人已经是又累又渴。王维说道："前面林中有溪水，到水源处再生火做饭。我们快些前进吧，争取日落之前走出这片树林。"窸窸窣窣的衣袂声响起，他们快步向林中走去。林

行到水穷处，坐看云起时　王维诗传

中幽静清凉，赶了一上午路的人们顿时都放松下来，有人捡松枝生火，有人准备饭食，大家都忙活起来，可是都轻声低言，仿佛怕叨扰了这林中的清幽。

午饭完毕，他们继续往前走出了树林，黄花岭已经到了！王维抬眼看见了阳光灿烂地照在山脊上，青山隐藏在悠悠的雾霭中，若有若无，天上的白云与此相照应。眼前竟是青青的原野，明丽洁净好像蓝天一样，那原野上的绿树像是在天上游动。刚刚王维饱尝了密树茂林的幽深安静，此刻豁然开朗，心中的愁闷在自然的鬼斧神工下都显得微不足道，王维闭上眼睛，尽情地享受自然带给他的宁静开朗。

又走了半月有余，王维终于到了目的地——凉州。崔希逸早就在城门前等候，王维看见后立刻下马："崔大人久候了！"

"王大人一路奔波，快些进城休息。在下备了些酒菜给大人接风。"

虽然王维来凉州行使的是监察之职，可是崔希逸忠勇双全，向来受到王维的敬重，二人的官职不分上下，且王维本身并没有什么官架子，所以才出现了上面这一幕。

二人携手进城，崔希逸对王维说："大人来得正好，明日军中有赛神活动，大人与我同去？"

"那我就恭敬不如从命了。"王维回答道。

赛神活动其实是军中的一种娱乐，同时也是庆祝胜利和鼓舞士气的一种举动，是军中生活的一个侧面，王维也可以通过这项活动看一下军中的士气如何。

翌日观赛之后，王维一时有感而发，写了下面这首诗：

> 凉州城外少行人，百尺峰头望虏尘。
>
> 健儿击鼓吹羌笛，共赛城东越骑神。
>
> ——凉州赛神

这日，王维在帐中休息，突然听闻军鼓打响。

"报！匈奴兵突然进犯，请大人移帐进城！"

"我知道了，你且退下吧。"

原来是匈奴兵突然入侵，酒泉告急。崔希逸正打算发兵酒泉，外面的部队在集结。军情当前，王维迅速前往与崔希逸探讨军情。

"匈奴此次来势凶猛，看来是上次偷袭不成，他们粮草不足，需要快速结束战斗。"

"那我们只需要关闭城门，待他们弹尽粮绝，必定会自行退去。"

"不可，这样无法显示我大唐军威，何况小小匈奴夷狄的进攻，还难不倒我崔希逸！"

"好！下官在此等候将军凯旋！"

战鼓雷鸣，崔希逸带领部队出战，战报频传，王维知道，崔希逸已经得胜，正在归来的路上。精神大振的王维诗兴大发，写下了誉为"信不减太白"的《陇西行》，其中"关山正飞雪，烽戍断无烟"尤为著名。

王维虽然当时是节度判官，与崔希逸本是在职权上相互制

行到水穷处，坐看云起时　王维诗传

约，并且应该定时向朝廷报告崔希逸的情况。可是到了漠北，王维的心中也有了英雄的豪迈，对于政治上的钻营倒是少了不少，也不在乎礼仪制度，与崔希逸相处得很是默契。王维在此小住半年有余，完全融入军旅生活，很是适意。半年后，王维返回长安。

回朝的王维再次陷入纠结之中。此时李林甫已经权倾朝野，他排斥异己，笼络朝臣，致使国事不断下滑。而玄宗内有高力士和惠妃的哄骗，外有李林甫的欺瞒，已经对朝政不甚留心。这时，远在千里之外的边疆地区，又一个遗臭万年的人开始出现在历史的画卷上。他就是安禄山，"安史之乱"的始作俑者。三十多岁的安禄山弃商从军，不到四年就做到了平卢将军，李林甫就看到了这位军中的新起之秀。由于安禄山曾经是个没什么原则的商人，只重利益，所以他很快就被李林甫笼络到自己的势力范围中，那场即将爆发的战乱在此时埋下了祸根。

官场形势紧张，王维每日里疲于应付这些险恶的奸佞小人，而家中田园生活轻松闲适，致使他又有了归隐的念头。有诗为证：

斜阳照墟落，穷巷牛羊归。

野老念牧童，倚杖候荆扉。

雉雊麦苗秀，蚕眠桑叶稀。

田夫荷锄至，相见语依依。

即此羡闲逸，怅然吟式微。

——渭川田家

诗歌的核心即是一个"归"字。夕阳西下，牛羊归家，此为一归；野老在门口等着牧童，牧童归家，此为二归；蚕都睡去，此为三归；在地里干活的田夫回家，此为四归；最后既是化用《诗经》中的句子，也以东晋时期的隐士陶渊明自喻，怅然吟《式微》，此为五归。

开元二十八年（公元740年），王维四十二岁。不知是不是上次出塞他的表现让李林甫很是满意，这次他又以侍御史兼殿中的身份出任南选。圣旨下达的时候，王维正在家中与弟弟饮酒。看到这命令，王维叹气："又要旅途奔波，想不到在想安稳的时候，却开始了奔波。"

"人生不如意事十之八九，哥哥久在官场沉浮，我们这样的人何时有过自己决定的权力？"

"是啊，就算是当今圣上，堂堂天子，还不是一样不能为所欲为？"

"哥哥此行应该要经过襄阳吧？不知孟兄可好。"

"嗯，对，可以去襄阳与孟兄一聚，倒也不失为一件值得高兴的事。"

"离别又在眼前，哥哥这一去又不知几时能回，今晚我们就痛饮一场！"

"好，不醉不归！"

已过不惑之年的兄弟俩，不管世事沧桑如何变化，他们此刻还是能坐在一起。至少在最亲的亲人面前，他们仍然是当年坐在破旧书房中读书淘气的真诚孩童。把酒言欢，王维和王缙还是不分彼此的兄弟。

开元二十九年（公元 741 年）春，王维从长安出发，轻车简从去南选上任。王维到达的第一站就是襄阳。王维想着一会见到孟浩然，一定要和他共游此处好风光。找了半日，还是没有头绪，王维想着孟浩然心中对隐居向往已久，肯定不能在城中居住，所以向城外走去。

"老人家，我想打听一下，此处可有一个人叫孟浩然？"

"啊，你说小孟啊！他家就在前面的山坳里，你顺着这个方向一直往前走就是了。"

谢过老人，王维兴冲冲地想要和故友见面。谁知还未走到门前，王维就看见孟浩然家中白幡高挂，好像是发生了什么事情。王维快步上前，映入眼帘的是一个大大的"奠"字，白绫下面是孟浩然的牌位。王维愣在了当场，没想到上次在翰林院一别，竟成了永别。

"孟兄，我来晚了！"王维叩拜下去。

孟浩然在开元二十八年（公元 740 年）去世，当时他正和王昌龄游襄阳。本来孟浩然"疾疹发背"，和王昌龄同游的时候已经近乎痊愈了，两个人宴饮甚欢，谁知顽疾突发，没过一天，孟浩然就辞世了。

王维听到这里，想起自己第一次见孟浩然的情景，长安的街头，他为了一支毛笔被小贩难住，那时候自己刚从济州任上归家；想起这个满腹经纶的才子遭到"明主"的弃用，一生不得志；想到他风度翩翩地与张九龄还有自己谈事论画。王维悲从中来。一切皆是因果相生，孟兄此去也算是解脱。想到这里，王维用他和孟浩然都崇尚的方式，跟这个相交近二十年的挚友真诚告别：

故人不可见，汉水日东流。

借问襄阳老，江山空蔡州。

——哭孟浩然

人生在世，一切皆起于因果。今日之果必定有前世之因，今日之因必定导致后世之果。生死皆是缘，缘起缘灭，一切随天。对待朋友的离世，王维可以安然接受，这么多年过去了，他终于参透了这一点。任何痛苦都源自自己的内心，去除凡缘，内心才能真正宁静。

故人既然已经不再，王维凭吊完孟浩然，无心观赏襄阳风光，只留了些银两给孟家，就离开了。

他从襄阳出发，途经长江，然后就到了南选。王维一路向南，悲伤的心情反倒让他可以安静地体悟自然与人，生死与物。

行到水穷处，坐看云起时 王维诗传

江流天地外

"巴东三峡巫峡长，猿鸣三声泪沾裳。"三峡自古是文人墨客的吟咏之地，这里风景壮丽，荡气回肠。王维从襄阳出发，溯长江西上，必定要路过三峡之中的巴峡。

摇曳的小舟在江上摆动，波光粼粼的水面让人心情荡漾。两岸峻岭巍峨，浅绿色的远山依次排开。岸边陌上花开，金黄色的油菜花汇聚成一片又一片的海洋。在山水之中徜徉，王维已经分不清是自己在水中，还是水在自己心中。

暮春之期的拂晓，巴峡之上的晨曦，色彩斑斓柔和，如此艳丽动人。王维不禁想起，若是在京中，这样的暮春三月最是适合踏青了吧。小船随着水流的韵律摇摆，王维看着眼前的画面，回忆着京中的生活。出门一月有余，思念开始蔓延。抬头不经意间瞥见江边的一角，晴空万里的江面上，不知谁家的女孩在浣洗衣衫，旁边放的大概是皂角，女孩举起捣衣棒，一下，两下，三下……王维仿佛听到了万户捣衣声在耳畔响起。太阳从山那边缓缓升起，旭日初升，村子里群鸡竞相啼鸣。水边停泊着许多商船，大概是做生意的吧，山间的桥上，忙忙碌碌的人们穿行，远处看去，仿佛是走在树梢的仙人。王维置身在山水之间，仿佛在仙境，而岸上活生生的生活便是人间。

天上人间，在巴峡，王维第一次切身体验。置身于如此美景中，且幸赖自己深知山水的情趣，离乡背井之愁绪才稍可排解。

"茗儿，前面可是到了汉江？"

"回老爷，咱们还在巴峡境内呢，再行一刻钟大概能到吧！"

"好，到了汉江我们上岸稍事休息，下午再赶路。"

"老爷，是否需要补充吃食？咱们后面可能找不到大的集市了。"

"也好，银两在船坞内，你自己掂量着采买就是。"

"知道了，没事我就下去了。"

"嗯。"

怪不得都说巴东三峡巫峡长，走了这半日还未走出，确实如此。不过这水流确实湍急，有"千里江陵一日还"之势。王维心中想着，船不知不觉靠岸了。

江南水乡与中原风物有很大不同，且看这小桥流水人家，便知这里的女子定是娇娆温柔，王维正观察着风土民情，前面竟走来一位故人。

裴迪，唐代诗人，河东（今山西）人，官蜀州刺史及尚书省郎。其一生以诗文见称，是盛唐著名的山水田园诗人之一。早年与王维过从甚密，晚年居辋川、终南山，两人来往更为频繁，其诗多是与王维的唱和应酬之作。"寒山转苍翠，秋水日潺湲。倚

行到水穷处，坐看云起时 王维诗传

仗柴门外，临风听暮蝉。渡头余落日，墟里上孤烟。复值接舆醉，狂歌五柳前。"这首号称"诗中有画"的诗篇就是闲居辋川时王维答赠裴迪的。受王维的影响，裴迪的诗大多为五绝，描写的也常是幽寂的景色，大抵和王维山水诗相近。

王维年长裴迪十六岁，可这并不影响两个人的交往。裴迪与王维是在一次宴饮上相识，二人都对鲍照、陶渊明的山水田园诗颇为喜爱，且两人对李林甫当权的朝政不满，都有隐居之意，所谓志同道合者，说话也很是投机。

"摩诘兄，真的是你吗？"裴迪惊喜地说道。

"可是裴迪？"

"正是，没想到我今日游览到此，竟遇到了摩诘兄。兄长到此有何贵干？"

"朝廷任命我为南选知府，路经此地。早春出发，走到今日已经一月有余。裴老弟怎会在此？"

"说来话长，我见衙门里无事，所以到处游览，听闻暮春的汉江最是壮丽，所以慕名而来。"

"不如我们一同游览？我今早刚到，还不曾领略这里的风物。"

"那就恭敬不如从命了！"

两人携手前进，找了一个地势较高的客栈，王维回身向小厮吩咐道："告诉他们，今日留宿在这里。让大家都好生休息，不许惹事，明早出发。"

"是，老爷。"茗儿知道老爷遇到了旧识，必定要好好相聚，自己也乐得清闲，赶紧出去吃酒闲逛去了。

“摩诘兄，京中情况如何？怎么你这把年龄还要外放？”

“唉，一言难尽，自从张丞相被罢免，朝中形势每况愈下，能外放已经是不幸之中的万幸了。”

“近日游览到各处节度使幕府，发现藩镇已经呈尾大不掉之势，恐怕日后会酿成大麻烦呀！”

“谁说不是，可是现在的这位丞相，每天与圣上在一起，别人根本没有机会进言。粉饰太平，京中还是一片歌舞升平呢。”

“哈哈，都怪我，今日难得与摩诘兄相聚，竟说起这些不愉快的事情，我们且吃酒看风景吧。”

桌上放着江南时下的蔬菜，清脆的莴笋、美味的菱角，这些在北方都是尝不到的。王维与裴迪坐在床边的位置，向外望去，竟是一片汪洋。这一江春水，浩浩荡荡地向东流去，山色在水汽的映衬下若有若无，仿若人间仙境。裴迪看着看着也不知不觉中陶醉了：“想当年，孟兄也是在这样的位置上，望着浩渺广大的岳阳湖，写下了‘气蒸云梦泽，波撼岳阳城’的佳句。兄从长安处来，沿途定路过了孟兄的家乡，不知孟兄可好？”裴迪说的孟兄是指孟浩然，孟浩然虽然一生没有出仕的机会，在京中的名气却很大，很多文人都与他交往甚好，裴迪既然是王维的挚友，跟孟浩然自然也是关系匪浅。

“唉，看来你也不知情况。我前日里刚从孟兄家中离开，孟兄去年就与世长辞了。”说罢，王维忍不住嗟叹。

“什么？竟然有此事？想孟兄才气过人，一生竟然就这样默默结束，我为孟兄一大哭。”

"他走的时候还是安详的，我想他是想通了。一个人拥有多少财富，这叫福报；但是，它的存在是为了让你快乐，让你做更多的善事，让你为别人服务，为了让你使这个财富变成对大众有意义的，那就是好事情。我想，做官也好，不做官也罢，孟兄早已释怀了。"

"是啊，反过来看，如果你想要的东西一直在紧绑着你，亲戚越来越多，友情越来越多，财富越来越多，而你的心眼就越来越小，它就变成了痛苦的根源。孟兄才是真正放得下的人。"

"你我今日坐在这里，看着这江上的美景，或许明日的离别让人难过，可这都是冥冥之中上天的安排。"

"嗯，上天不给你的，拥有了也终会失去；上天给你的，即便没有也迟早会到来。摩诘兄你的才情最是机敏，不知看到今天的景致，可有诗情？"

"嗯……"王维沉吟着好似没有听到裴迪的话。

裴迪也不在意，继续问道："若无诗情，画意也可。今日摩诘兄一定要留下墨宝。"

"有了！"王维缓缓念道：

楚塞三湘接，荆门九派通。
江流天地外，山色有无中。
郡邑浮前浦，波澜动远空。
襄阳好风日，留醉与山翁。

——汉江临泛

"好诗，好诗，好诗！"裴迪连着叫好，"首联一笔勾勒出汉江的形势全貌，又暗含我们所处高处，为下面的诗句留下无限可能；颔联写江水浩荡，一泻千里之间便流出了我们的视线，这又暗指江流之快；江上水汽浮动，所以两岸的山峰也若有若无，这两句，一作纵向描绘气势磅礴的江水，一作空间点染而气象深远。这纵横之间，竟然把这如画的汉江美景展现在眼前了；颈联从动荡的船中，用错觉写郡邑浮动，以及江天相接之处的摇动，细腻传神，竟不知是船动，还是人动，抑或是郡邑在摇动吧！"

"谬赞谬赞，实在是景致太美，若是能够在这样的地方隐居，即便是死也足矣。"

"摩诘兄何出此言？此地虽好，竟不如辋川一日，若是兄长有隐居之意，弟愿意奉陪。"

"哈哈，今日不提这些。难得一见，且好好吃酒。"

二人吃完饭又游览半日，晚上各自休息。第二天，因为王维要赶路，所以就此别过。又行了半月有余，王维到了南选的府宅。

起初，官府中的人看王维是个文弱书生，对他很是不屑，常常怠慢王维的政令。王维也浑不在意，等他休息好了，他召集了所有衙役到堂前，正色道："本官初来此地，对这里的民风不甚了解。经过这半月的观察，已经有了大概的认识。从今日起，每日点卯迟到者，罚一个月俸禄；办事不力，拖延政令者，严重的重打二十大板。如果无法做到令行禁止，为百姓造福，那么就免职！"

"喏！"众人有气无力地回答。

第二日清晨，王维端坐在衙门中，等着点卯。几日都相安无事，可巧一个叫王二的衙役，因为贪睡，这日迟到了，王维立刻发落了他。不想他下午因为吃酒误事，将王维命令颁布春种的政令弄丢了，王维佯装大怒，立刻打了这个衙役二十大板，一是惩罚他办事不力，二是立官威，杀鸡给猴看。众人这才明白了这个文弱书生的厉害，再也不敢怠慢。

南选地处岭南，民风彪悍淳朴，看着这些略有无知却真诚的百姓，王维决定不辜负这一方水土养育的一方人民。王维正是在清明时节到的这里，春耕刚刚开始，王维就率先垂范，重视农桑，看着田地里绿油油的麦苗，心中满是欣喜。虽然此刻自己并未位极人臣，可是能够造福此地百姓，也是上天赐予的机缘。他整顿吏治，创立学堂，重视农桑，在南选任职的一年中，得天庇佑，风调雨顺。在他的治理下，南选的百姓安居乐业，一派路不拾遗、夜不闭户的繁盛景象。

王维每天除了处理公事，也会游山玩水，所到之处，无不深受当地百姓的爱戴。

天宝元年（公元742年），王维四十四岁，朝廷政令下来，任命他为左补阙。圣旨下达之日，王维收拾好行装，启程回京。

补阙官名来自"言国家有过阙而补正之"，职责与拾遗相同。左补阙隶属于门下省，位从七品上，是个没有实权的小官。任此职者，不拘出身官阶及铨叙。补阙也设有内供奉，无定员额，资格、俸禄与正官相同。

王维出发当日，百姓夹道相送，有白发苍苍的老人送上鸡蛋，也有人送蔬菜、瓜果等不同的东西。东西虽然微薄，可是表达了对王维的敬爱之意。王维笑着收下了这些百姓的心意，心中满满都是感动。

　　走出南选，他就吩咐下人把这些吃食用品分给乞丐，自己仍是轻车简从，急速回京。回京后不久，又迁库部员外郎，依然是没有实权的小官。此时年近半百的王维，已经心有余而力不足。李林甫排斥张九龄曾经任用过的人，提拔他宠信的郭慎微等人，这些人资历比王维浅，年龄比王维小，才干又不及王维，可是官职都在王维之上。他的官职始终徘徊在六七品上，自己倒也浑不在意，只是隐隐为朝廷的命运担忧。

第六章

缘深缘浅，终究散去

潮起与潮落

　　长安繁华依旧。大街上，吆喝声、买卖声、讨价还价声连成一片；酒肆里，店小二端着饭菜在大堂穿梭往来，不时传出谈笑声、行令声；舞馆里，丝竹之乐不绝于耳，裙摆翩跹，到处一片歌舞升平的景象。然而此刻的盛唐，宛如一袭外表华美的袍，里面却长满了丑恶的虱子。整个国家的权力都掌握在口蜜腹剑的奸臣李林甫手中，安享盛世太平的玄宗并未意识到危险正在一点一点地靠近。

　　前面讲过，李林甫在朝堂上笼络官员，在后宫中谄媚讨好武惠妃，是武惠妃一党。武惠妃深得玄宗宠爱，在后宫地位稳固。可是当时的太子李瑛并非武惠妃所出，她深以为恨，一直希望自己的亲生儿子寿王李瑁能够夺取太子之位。所以在她的授意下，更是为了自己的利益，早在张九龄未被罢黜之时，李林甫就勾结朝臣，对太子李瑛进行弹劾。奈何由于当时张九龄、裴耀卿等几位贤相的阻止，一直没有成功。

行到水穷处，坐看云起时　　王维诗传

李林甫相继设计罢黜了张九龄和裴耀卿之后，细心的他发现玄宗其实并没有想象中的那么喜欢太子李瑛，甚至对他有厌烦的倾向。于是他又纠结群臣，诬告太子李瑛企图勾结外王谋反。对于此事，玄宗内心也是矛盾的，他虽然不喜欢儿子李瑛，可是也不相信李瑛会谋反。所以他与群臣讨论时，众大臣以隋炀帝废除太子另立的历史教训，让玄宗明白太子之位的废立涉及国本，不可以轻易废除。可是散朝之后，玄宗把李林甫留了下来，问道："太子废立之事，爱卿有何看法？"

李林甫深知玄宗想要废除太子的意思，但是他没有直接推波助澜，而是聪明地把此事从国家大事变成了皇上的家事，这样一来，群臣就没有理由再干预了。所以他略微思考，便回答道："回皇上，臣以为这些都是天子的家事，外臣是没有资格插嘴的。"

"爱卿深知朕心，此事就这么办吧。"玄宗非常高兴，以为李林甫对自己忠心耿耿。

此后，为了斩草除根，李林甫又想办法设计坐实了废太子李瑛谋逆的罪名，这样一来，玄宗就不得不杀掉这个儿子了。但是事情没有继续朝着李林甫和武惠妃设想的方向发展。玄宗虽然杀掉了太子李瑛，可是并未属意于寿王李瑁，而是立忠王李亨为太子。

不管李林甫如何狡诈，这次也押错了赌注。可是事已至此，李林甫是武惠妃和寿王李瑁一党，已经是人尽皆知的事实了。李林甫想着，既然自己得罪了太子李亨，那莫不如得罪到底，再想办法铲除他，否则以后李亨登基再转过头来收拾自己就麻烦了。

当时与李林甫一起在朝为相的还有韦坚和李适。太子李亨的正妃韦氏是韦坚的妹妹，所以韦坚是太子在朝堂上有力的外援。同时，韦坚为人和善，与朝臣大多交好，同另外一位丞相李适关系也不错。相较之下，李林甫倒被孤立起来了。若是想废除太子之位，必定要先剪除太子在朝堂之上最有力的党羽——韦坚，而要对付韦坚，又要从他的外围关系——李适下手。

李适为人较为狂放，想除掉他并非难事。有一次下朝之后，李林甫假装与李适商量，说道："华山发现了金矿，如果找人开采，成功后国库会立时充盈，只是皇上还不知道这件事情，我正想着找个时机告诉皇上。"当李适将此事告诉皇上以后，李林甫又偷偷地跟皇上说其实这件事情他早就知道了，只是金矿事关龙脉，不可轻易开采，所以还在考虑有没有两全其美的办法。玄宗听后，心里对李适很不满意，觉得他做事太过鲁莽，不适合做宰相。

如果你一旦对某个人产生了疑心或者不满，那么他做的所有事情，你看了都会增加自己的不满。平常人如此，身为一代天子的唐玄宗，此心尤重。有了这个心理暗示以后，事情变得容易起来。李林甫纠结一帮酷吏，在李适执掌兵部的事情中找出破绽，一举扳倒了李适。

李适既然已经被除掉，剩下的就是韦坚了。没了李适相互依靠的韦坚，孤掌难鸣，虽然对李林甫深恶痛绝，可他还是没有机会。时值边将皇甫惟明立了大功，回朝接受封赏。皇甫惟明同韦坚一样，忧心国事，对李林甫的奸佞深恶痛绝，所以太子李亨、韦坚和皇甫惟明自然结成同盟，共同商议除掉李林甫的办法。

李林甫的心腹杨慎矜打入太子一党，把他们聚会的时间地点和情况报告给了唐玄宗。太子与外臣，还有守边重臣内外勾连，自古天子没有不重视这事的。所以玄宗得知后大怒，罢黜了韦坚，将皇甫惟明下狱。李林甫看到事情的严重，想到太子的正妃韦氏是韦坚的妹妹，所以极力拉太子下水。可是太子主动废了韦氏，此后，李林甫又对太子另一个妃子杜氏的父亲发难，以贪污的罪名将他下狱，太子又主动废了杜氏，以撇清干系。三番两次都没有除掉太子，李林甫也只能暂时作罢。

　　经过李林甫的一番折腾，朝堂上人人噤声，左右宰相都是李林甫的心腹，唐朝的权力中心一下子陷入了黑暗之中。王维回朝后面对的就是这样的情况。王维本身就被视为张九龄一党，又与在济州任上结识的裴耀卿关系非同一般，在这样的情况下，想要自保已经是很难的事情了，更遑论实现政治理想。所以王维也就安之若素，做着小官，过着隐逸的生活，倒也惬意。

　　王维和王缙兄弟俩都信奉佛教，二人平时生活居常蔬食，不茹荤血，到了晚年的王维更是常年吃素，不着彩衣。此时的王缙已经官至兵部侍郎，是一个不大不小的官职。而王维则利用官僚生活的空余时间，在长安的南蓝田山麓修建了一所别业，即为后世著名的辋川居所的雏形。这座别业原为唐初诗人宋之问的居所，可谓历史悠久的雅居。别业不大，坐落于辋口，是一个宽敞的去处，有辋水绕房舍而行。背靠山峰，前依静湖，旁边有山林和溪谷，其间散布若干馆舍，用来招待朋友和亲人。

　　年逾不惑的王维，在别业上花费了很多心思。这座别业最初是为母亲崔氏而建。崔氏常年念佛，又拜南宗为师，王维希望给母亲找一个清净的地方颐养天年。辋川在长安周边，离自己和弟弟又近，方便照顾年迈的母亲。

天宝二年（公元743年），王维四十五岁，王维的官职又有升迁，从左补阙任库布员外郎。王维的官位始终徘徊在六七品上，工作自然也就清闲。辋川别业也打理得七七八八，是时候接母亲来此安享晚年了。

王维满怀欣喜地回到太原老家，家中已经不是茅草屋一间、鸡舍若干的老样子了。自从王维和王缙两兄弟在外做官后，家中的生活有了很大的改善。特别是王缙的官位虽然不足以总揽朝政大权，但在他的经营下倒也稳步上升。自古权和钱就有着密不可分的关系，王缙似乎对金钱有着特别的兴趣，所以当他的职权可以允许他拥有更多的钱财时，他当然没有理由拒绝。

此刻王维看见的是一座低调的府邸，门前两只石狮子，大大的铁环挂在门上，安静肃穆得有些不正常。王维快步上前，叩响了门上的铁环。一个头发花白的老者探出头，看见是自家的大老爷回来了，管家不禁老泪纵横："大老爷，快点去看看老夫人吧，晚了怕是来不及了！"王维怔住了，一瞬间后他明白了，顾不上放下行囊，他冲进了母亲崔氏的房间。

推开门，一股檀香扑面而来，让风尘仆仆的游子安下心来。室内空洞雪白，没有过多的装饰，大堂上只有静坐时候用的蒲团和木鱼。向内望去，雪白的被子下，躺着一位满头银发的老人，平淡安详的面容上爬满了岁月的痕迹。她的脸上并没有病痛挣扎的神色，如果不是艰难的呼吸声和上下起伏的被子，你根本不会以为床上躺着的是垂危的老人。

　　记忆中，母亲还是那个温婉的女子。在自己淘气捉弄老师挨罚后，心疼地教育自己的人；在自己玩得满头大汗后，帮自己拍打掉身上尘土的人；在自己要离家的时候，为自己缝制棉衣的人……王维站在原地不敢靠近，他怕看到母亲难过地喘息，他更怕失去亲人时无力的感觉，那种感觉叫作子欲养而亲不待。这时，床上的崔氏艰难地张口："是维儿回来了吗？"

　　"哎，是孩儿回来了！孩儿不孝，没能侍奉在母亲身旁。"

　　"为娘的只希望儿子们都能过自己想要的生活，这是我带你们来到这个世界上最大的心愿。维儿不要自责，看着你们生活得惬意，娘心里很高兴。"

　　"娘，您的身体……"王维欲言又止。

　　"生死有命，维儿你参佛这么久，应该明白这个道理。"

　　王维没想到，眼前的老人对生死看得如此淡薄。崔氏的睿智和了悟，王维从来都不怀疑，却不知道自己的母亲已经到了这样透彻的程度。

　　"嗯，孩儿知道了。您还是少说话，多休息。孩儿这次回来就不走了，以后我们有的是时间聊天。"

　　崔氏轻轻地点点头，表示自己知道了："既然这样，维儿你先去换下这身衣服吧，旅途劳顿，你一定累了，先去歇歇。"

　　王维快速地梳洗收拾妥当后，叫来了管家："母亲是什么时候病的？为何如此严重？"

"回老爷的话，老夫人这次病来得凶猛，想来才半月有余，之前倒是没什么征兆。只是有一天晚上老夫人着了风寒，突然就卧床不起了。"

"可有请郎中来看？"

"郎中来过了，说是已经尽力了。"

"嗯，马上派人去通知二老爷，要他速归。"

"老奴在老夫人病倒第二日就派人去告知两位老爷了，只是旅途遥远，一时还未到，大老爷竟然就回来了。"

"嗯，麻烦管家下午再去请了郎中来看，母亲的病虽然严重，可还是要尽力一治。"

"老奴这就去。"

"嗯，管家辛苦了。"

遣退管家，王维又静静地陪在母亲身边。他们不需要过多的交谈，王维觉得只要自己能够陪在母亲身侧，就是最大的幸福了。他知道，母亲的时间不多了，他希望用自己仅有的时间多跟母亲相处，抓不住的是流年，抓得住的是时光。生离，死别，王维经历了太多，可每一次都这么痛。正所谓云空未必空，面对至亲的离世，又有几个人能够真正地大彻大悟、不悲不喜？

时间，时间，你别催，该来的我不推，该走的我不追。

行到水穷处，坐看云起时 王维诗传

空山不见人

　　蒲州是一个人杰地灵的去处，这里有王维太多的回忆。初到这里，他还是十多岁的孩子，母亲操劳的背影还留在记忆里。他开始和埋葬爱情的小巷还安然地横在那里，他读书的书房还寂静地坐落于前方。曾经年少时的朋友和师长，述说着轻狂少年的梦想的影子。

　　如果说六十年是一个甲子，那三十年也算是半个轮回了。三十多年后，王维仿若重新回到了原点，说起来半生长久，可实际走过，不过是倏忽一瞬。当自己顶着花白的头发再次回到这里，王维不走亲访友，更无心游山玩水，他没有时间留恋和回忆，他要与死亡竞赛，争取到哪怕一点点时间，去和母亲做最后的诀别。他每天的生活，除了陪母亲崔氏外，就是静伫窗前，携一缕清风，续一杯清茶，邀一轮明月，远离俗世的喧嚣，把心全都交付给亲情和爱。

　　夏天的风吹过树叶哗哗作响，窗外的蝉鸣愈发响亮，燥热的氛围传遍每个角落，屋内却静得可怕。母亲又一次陷入了昏睡，病入膏肓，郎中也束手无策。王维和崔氏都知道，他们现在不过是在等待，等待死亡的降临。王维依旧如往常般陪在榻前，他手捧经书，希望从里面找到慰藉。这么多天，王维都在自己的自责中度过，他后悔自己没有早早地尽孝道，后悔自己没有在母亲有生之年体贴入微。王维想，或许这是上天给自己的惩罚，才让他兴致勃勃地准备好辋川别业后，让母亲没有机会享受。然而惭愧不等于自卑，忏悔不等于后悔。当一个人开始反省自己的行为时，对当做却没有做的事情感到忏悔，就会努力去弥补；对于犯下的错误若是心生忏悔，就不会推卸责任，而是勇于承担。然而，唯独死亡这件事情，不给人第二次的机会，王维手中拿着《维摩诘经》，久久地注视着窗外，看见落霞齐飞，心中却满是悔恨。

崔氏悠悠转醒，看见的正是这样的情景，抑郁的王维沮丧地坐在桌边，晚霞映红了他的衣服和脸，一抹难以磨灭的难过浮现在他的脸上，儿子那自责难过的神情让她叹气。看来维儿又有了执念，在其中徘徊找不到出口。王维转身看见母亲醒来，赶忙收拾好表情，起身倒了杯清水，他扶起母亲半靠在床头，一点一点地喂给母亲喝。崔氏在喝了半杯之后，摇头示意不再需要水。她淡淡地开口："维儿，娘看见外面的晚霞很是漂亮，你推我出去看看吧。"

"娘，您的身体不适合过多地劳累，还是在屋内看吧。"王维担忧地说道。"我的身体我知道，没事。"

看到母亲执拗起来像个孩子，王维也只能招呼管家一起抬母亲出门。许久没有闻到新鲜空气的崔氏，在看见漫天晚霞的一瞬间，精神竟好了很多："维儿，苦乐无二境，迷悟非两心；一念天堂，一念地狱。人生的痛苦和快乐，一半来自生命里的境遇，一半来自自己的心态。命运对每个人都是公平的，凡事有得必有失，就看你如何看待。"

"娘的意思是人可以没有名利、没有金钱，但必须拥有一份美好的心境。看淡了，是是非非也就无所谓了；放下了，成败得失也就那么回事。"

"对，所以娘希望你以后都有一个好的心境。娘知道你对宛如的感情，以至于你这么多年未续弦，娘也没有逼你，只希望你能心境坦荡平和。如今娘已经知道自己命不久矣，可是娘不希望你责怪自己。"

"娘！"王维心中明白母亲话中的含义，原来这些天，自己内心的纠结娘全看在眼里，王维不得不再一次佩服这个饱经风霜的老人。

"这些日子，娘过得很是安慰，所以你不要再给自己徒增烦恼。娘对你很是放心，只是你常常陷入难以自拔的困境，原本这些都来自你的内心，所谓转境即是如此。世间万事皆起于因缘，得于结果。参禅之人，不宜执念过甚。娘的话，你可懂得？"

王维点了点头："娘的话，孩儿不是不知，只是人生在世，难免会有当局者迷的困境。我会记住您的话，虽然不能保证不再自苦，可这道理，孩儿今天明白了。"

王缙一进家门，看到的就是这样一幅情景：满头银发的崔氏安详地坐在摇椅上，旁边的石凳上坐着自己的哥哥王维。一老一少沐浴在夕阳的红光中，他们偶尔交谈，然后崔氏极目远眺，似乎想冲破院墙的束缚，看看远山上的青黛，还有河边欢声笑语的男女。

天色慢慢地暗了下去，王维抬手掖了掖滑落的被角。终于在暮色四合的时候，王维轻声说："娘，天凉了，孩儿推您进去吧，若是娘喜欢，明日我们再出来散步。"

崔氏点点头，王维帮忙整理好崔氏的衣服，准备回屋，转身看见伫立在暮色中的王缙。不知他在那里站了多久，只见他满面泪痕，风尘仆仆，棱角分明的脸上，有着刚毅的色彩，他像从前一样，深沉内敛，善于克制自己的情感。

王缙稳步走过来，接过王维手中的车子，慢慢推崔氏回屋内，一时之间，三人都没有说话，只是各人脸上的表情并不相同。崔氏很是安慰，临终之前，她还是见到了这两个常年在外为官的儿子；王维的神色略显平常；而王缙则是极力克制着自己喷薄欲出的悲伤。他们缓缓地往前走，像小时候一样，不同的是，这次不再是母亲牵着他们的小手，而是他们推着母亲，悲伤地前行。

一月之后，在弥留之际，崔氏的病榻前依旧陪伴着两个儿子。崔氏对生死早已看透，只是对眼前的两个儿子还有牵挂，她告诉王维："维儿，让娘和缙儿待会儿，你去把书房里的《维摩诘经》给我拿过来。"

王维知道母亲这是有话跟弟弟说，所以找到书之后，他又在书房多留了一刻钟才回去。

崔氏知道王维的性子，所以也没有什么好担心的。至于二儿子王缙，崔氏知道他的野心很大，他对权力的欲望很强，同时爱财的特点也让崔氏担心不已，她怕这个儿子终究酿成大祸。所以临终之前，她说出了对王缙的嘱托："缙儿，娘一直对你有担心，你和维儿不同。他的执念太重，所以容易自苦。可是你的心太大太广，想要的太多太累。"

"娘您说得对，我是对理想不曾放弃过。"

"所谓心底无私天地宽。私是一种狭隘，若一个人私心太重，那么今日之得必然成为将来更大的失去。狭隘者常蒙蔽，无心之过，无心之失，皆由此起。心胸宽一点，目光远一点，人生的道路才能越走越宽。所以娘希望你不要太过在意身外之物，君子重内省。"

"娘，我知道了，您放心吧。"

崔氏缓缓地闭上了眼睛，王维从屋外进门，把经书交给母亲。崔氏安详地放下了手，这预示着生命走到了终点。时间凝固在这里，他们都不愿意离去，也许这是个噩梦吧，梦醒了还会看见母亲安详地躺在床上。这一个月来，这样的噩梦不断出现在王维的睡眠中，他多期望这次还是一个冗长的噩梦。

该走的终究留不住，兄弟二人一反常态，并未放声大哭，他们知道母亲最不希望看见这样的场景。王维想，母亲走的时候是没有遗憾的吧，否则她的面容不会如此轻松。

参悟了人生的二人，对母亲的离去，除了悲伤，还有一些知天命的味道。母亲早登极乐，未必就是一件坏事。同时，母亲缠绵病榻时间很久，兄弟俩心中早就有了准备。所以简单处理了家中的事物，王维和王缙为母亲办了一场并不奢华的葬礼，这也是母亲所希望的。

王家是大族，王维的母亲崔氏去世，有很多亲朋前来吊唁。王维和王缙葬了母亲之后，王维曾赋诗一首，对前来看望的朋友表示感谢：

嗟予未丧，哀此孤生。

屏居蓝田，薄地躬耕。

岁晏输税，以奉粢盛。

晨往东皋，草露未晞。

暮看烟火，负担来归。

我闻有客，足扫荆扉。

草食伊何，蔍瓜抓枣。

仰厕群贤，皤然一老。

愧无莞簟，班荆席薰。

泛泛登陂，折彼荷花。

静观素鲔，俯映白沙。

山鸟群飞，日隐轻霞。

登车上马，倏忽云散。

雀噪荒村，鸡鸣空馆。

还复幽独，重欷累叹。

——酬诸公见过

　　谭元春在《唐诗归》中评价此诗说："四言诗字字欲学三百篇，便远胜于三百篇矣，右丞以自己性情留之，味长而气永。"一语道出了王维这首诗的特色。

　　母亲去世，王维和王缙要丁忧三年。所谓丁忧，《尔雅·释诂》中解释："丁，当也。"就是遭逢、遇到的意思。《尚书·说命上》对"忧"如此解释："忧，居丧也。"所以丁忧即为遭逢居丧的意思。丁忧期限三年，期间要吃、住、睡在父母坟前，不喝酒、不洗澡、不剃头、不更衣，并停止一切娱乐活动。丁忧的人不准为官，如无特殊原因，国家也不可以强招丁忧的人为官，因特殊原因国家强招丁忧的人为官，叫作"夺情"。

唐代的丁忧并没有这么严格，不需要子女一定吃、住、睡都在父母的坟前，不过在这期间不可为官倒是真的。王维和王缙安葬了母亲后，就返回了长安。三年能够发生的事情太多了，对于官场来说，三年足以清洗掉所有已经建立的关系。所以，回到长安的王缙虽然不能上朝，可也不免暗自经营。王维则是借着这个机会，直接搬到了辋川别业去居住了。

这是原本用来给母亲颐养天年的地方，王维知道母亲的喜好，所以并未在其中装饰很多东西，斋中无所有，唯茶铛、药臼、经案、绳床而已。现在自己居住在这里，倒也清净。王维每每于此焚香独坐，以禅诵为事。辋水绕房舍而行，雨后，水涨船高，撑竹花坞，与朋友裴迪浮舟往来，弹琴赋诗，啸咏终日，倒也不失为一种情怀。辋川别业的客人还有京中德高望重的僧人们，他们常聚于此，以谈佛参禅为乐。

> 空山不见人，但闻人语响。
>
> 返景入深林，复照青苔上。
>
> ——鹿砦

山中寂静无人，只能偶尔听到一阵人语响声。相反相成，以动衬静，更增加了山中的寂静与乐趣。一缕夕阳的反光透过深林密枝，照射在青苔上，环境优美且清净。王维沉浸在这样静谧的氛围中，长久体味着宁静的趣味。不得不说，隐居于辋川的王维有了别样的心境。

可这时的王维并非一心归隐，他也不可能两耳不闻窗外事。天宝四载（公元 745 年），唐朝发生了一件大事，自此之后，唐玄宗的糊涂甚至可以说昏庸达到了极致。这件事情也让王维隐隐感到了不安，有诗为证：

> 柳暗百花明，春深五凤城。
>
> 城乌睥睨晓，宫井辘轳声。
>
> 方朔金门侍，班姬玉辇迎。
>
> 仍闻遣方士，东海访蓬瀛。
>
> ——早朝

这是王维晚年少见的一首政治讽喻诗，隐隐可见他担心玄宗重蹈秦皇汉武的覆辙，担心朝中潜伏着越来越大的不安因素。只是王维不知道，他即将面对的不仅仅是这一件事情，还有更多的不安因素蠢蠢欲动。对他来说，是折磨和苦难，可是对有些人来说，比如自己的弟弟王缙，则是机遇和挑战。

故人江海别

故事的开始要追溯到开元二十五年（公元 737 年），那一年，唐玄宗最为宠爱的妃子武惠妃病逝。宠妃离世，玄宗心情十分痛苦，整天郁郁寡欢，十分颓废。后宫佳丽三千，竟然没有一个人能让玄宗开怀。

高力士最是了解玄宗的心意，于是他到宫外去寻找能让唐玄宗喜爱的女子。无意中，他在寿王李瑁——武惠妃的亲生儿子的王府上，见到了当时是寿王妃的杨玉环。杨玉环体态丰盈，花容月貌，高力士立即把这件事告诉了玄宗。

开元二十八年（公元 740 年）十月，玄宗派人接杨玉环到临潼温泉宫。其时，玄宗奏起他的得意作品《霓裳羽衣曲》，而杨玉环似乎对音乐有着特殊的才能，当即起舞，如仙女飘逸，极尽其美，使唐玄宗大为高兴。之后，玄宗常令玉环跳《霓裳羽衣曲》，自己还亲手操鼓，在一旁伴奏。可以说，玄宗与杨玉环在一起尽欢，最经常的形式，莫过于歌舞音乐了。

杨玉环不但貌美，又能歌善舞，且为人极其聪明，善于逢迎。玄宗喜欢上了自己的儿媳妇，但是他还要顾及所谓的礼义廉耻，于是先将杨玉环度为道士，赐号"太真"，后收入自己的后宫。当时，唐玄宗已经 56 岁，而杨玉环刚刚 22 岁。

　　五年之后，天宝四载（公元 745 年）八月，唐太宗册封杨太真为贵妃。王维对此时朝廷的状况十分担忧。朝堂之上，有李林甫专权欺上瞒下，内宫之中，玄宗和杨贵妃的不伦之恋本就惹人非议，并且自从有了杨贵妃，后宫佳丽均无颜色，专宠从来都是外戚之祸的根源。前面的《早朝》就是在这样的情况之下写就的。

　　天宝五载（公元 746 年），王维三年的丁忧之期已满，他回朝为官。这时候，朝中的权贵除了奸相李林甫以外，后起之秀——杨国忠也不得不提。

　　杨国忠原名杨钊，是杨贵妃的远房哥哥。杨钊是个放荡不羁之人，喝酒赌博无一不精。他三十岁时曾在四川从军，虽表现优异，可因为当时的节度使张宥对他不满，所以只能屈居人下。后经人推荐，在剑南节度使章仇兼琼帐下任采访支使。

　　此时的杨玉环已经封为贵妃，且她的三位同胞姐姐也很受宠，杨钊便利用这个裙带关系，在朝廷站稳了脚跟。玄宗启用杨钊，一方面由于他是杨贵妃的哥哥，这样做是为了博贵妃一笑；另一方面，玄宗已经发觉李林甫在朝中的权力过大，他需要提拔在李林甫势力之外的人，以达到相互制衡的效果。杨钊也很会利用关系与机会，他不但讨好朝中重臣，跟李林甫也是相互利用。

他很会钻营，在体察玄宗心思方面，比李林甫更有条件，所以他在仕途上更是一路畅通。在不到一年的时间里，他便身兼十五余职，成为朝廷的重臣。

天宝七载（公元 748 年），杨钊建议玄宗把各州县库存的粮食、布帛卖掉，买成轻货送进京城，各地丁租地税也变卖成布帛送到京城。他经常告诉玄宗，现在国库之充实，古今罕见。于是，玄宗在天宝八载（公元 749 年）二月率领百官去参观左藏，一看果然如此，很是高兴，便赐杨钊紫金鱼袋，兼太府卿，专门负责管理钱粮。从此，杨钊越来越受到唐玄宗的宠幸。天宝九载（公元 750 年）十月，杨钊因为图谶上有"金刀"二字，请求改名，以示忠诚，玄宗赐名"国忠"。

随着地位的升迁，杨国忠在生活上也变得极为奢侈腐化。每逢陪玄宗、贵妃游幸华清宫，杨氏诸姐妹总是先在杨国忠家会集，竞相比赛装饰车马，他们用黄金、翡翠做装饰，用珍珠、美玉做点缀。出行时，杨国忠还持剑南节度使的旌节（皇帝授予特使的权力象征）在前面耀武扬威。

杨国忠在与宰相李林甫的关系上，起初，二人一唱一和，互相利用。杨国忠为了向上爬，竭力讨好李林甫，李林甫也因为杨国忠是皇亲国戚，尽力拉拢。在李林甫陷害太子李亨时，杨国忠等人充当党羽，并积极参与其活动。他们在京师另设立推院，屡兴大狱，株连太子的党羽数百家。由于杨国忠恃宠敢言，所以每次总是由他首先发难。杨国忠与太子李亨的矛盾也由此愈结愈深。后来，李林甫与杨国忠由于新旧贵族之间的争权夺利产生了矛盾，主要表现在对待王鉷的问题上。因王氏的宠遇太深，本是李林甫和杨国忠共同嫉妒的对象。但是为了牵制杨国忠，李林甫则极力提拔王氏；当杨国忠陷害王氏时，李林甫又竭力为其开脱罪责。由于杨国忠做了手脚，玄宗便开始疏远李林甫，王氏也以莫须有的罪名被置于死地。王氏所兼职务全部归杨国忠。

两派勾结钻营的朝堂，已经是乌烟瘴气，吏治腐败。面对这样的状况，王维无奈更无力。所以他仍然选择做一个游离于朝堂之外的闲人。

一个人的生活必须有所寄托，当他的热情逐渐褪去，梦想也渐渐模糊，那么一定有另外的东西成为生活的中心。参禅礼佛便是王维此时的生活中心。因为已经官复原职，所以他不能再像以前一样，整日居住在山中，不问尘世。于是他京中的宅院又有了人气，王维歇息于此，可是每次下朝之后，他还是会回到辋川别业，吃斋念佛。

这日下了早朝，王维并未回辋川别业。因为曾经的朋友张炎前来拜访。王维等到了张少府，请他去了辋川别业。这里俨然已经成了王维会客参禅之地。张少府看了辋川的景致，也不免对王维的隐居以及在佛学上的造诣深感敬佩。同行的还有刚刚辞官，准备回到宣成隐居的张五。

"摩诘兄此处别业可曾是宋之问的居所？"张炎问道。

"哈哈，确实。我本来为的是以后接家母来此度过晚年，所以选了这么个雅致的去处。"

"令堂可好？"张五问道。

"唉，子欲养而亲不待啊！"

张五知道了崔氏已经不在后，怕勾起王维的心事，忙转移话题："摩诘兄，这室内的画作可是你的手笔？"

"没见得谁能用黑白水墨把画写成山水的，这天下真真只有他能做到了。"张炎赶快接下去。

王维笑笑，并不以为意，反而是对张五的离别颇有感怀："张兄此次远行，虽然以后不能与你朝夕相处，可是我心中甚是欢喜。"

"是啊，朝堂之上混乱不堪，我若有张兄这样的勇气，也早早离去了。"张炎也说道。

"唉，哪里谈得上什么勇气，不过是眼不见为净罢了。况且我本喜爱山野生活，官场上的束缚让我喘不过气来。"

"若是能像摩诘兄这样生活，倒也是两全其美。"

"我也是无奈之举。"王维苦涩地说道。

"今日既然有幸与你二人共饮，王某不才，有诗一首，请二位一同品评。"说罢，王维不知从哪里找来了笔墨，立于桌旁，奋笔疾书：

晚年唯好静，万事不关心。

自顾无长策，空知返旧林。

松风吹解带，山月照弹琴。

君问穷通理，渔歌入浦深。

——酬张少府

此诗前四句全是写情，隐含着诗人伟大抱负不能实现的矛盾苦闷心情。颈联写隐逸生活的情趣。末联是即景悟情，以问答形式作结，故作玄解，以不管作答，含蓄而富有韵味，洒脱超然，发人深省。诗人着意自述"好静"之志趣，写自己对闲适生活的快意，并表示自己对天地间的大道理有所领悟，已经能超然物外，从表面上看似乎很达观，但从诗意中，还是透露出一点点失落、苦闷的气息。

"好一句'自顾无长策，空知返旧林'，这不正是我们现在的写照？"张五率先称赞道。

"看来摩诘兄的无奈有过之而无不及啊！"

"多亏有了此处可以解忧，否则我真不知这样的日子要如何度过。"

"摩诘兄，这一别不知何时能再相见，在下可有机会再听一次摩诘兄的演奏？"

王维笑笑，转身取来了自己随身多年的琵琶。自从妻子去世以后，王维便很少弹奏。音韵中的记忆还是太清晰，让他不敢轻易触碰。可是今天，面对即将远行的朋友的心愿，王维还是拿出了琵琶。

辋水绕着房舍行进，院中的桑树亭亭如盖。这个小小的山坳里，这样幽静的去处宛如世外桃源。大树下落叶纷纷坠落，一叶知秋。夏末秋初，天高气爽，风朗气清。

王维端坐于屋前，深吸一口气，悠扬的乐声响起。他弹的是曾经在九公主府上弹的《郁轮袍》，乐声激愤高昂，王维更是沉浸在乐曲的起伏中，一时竟然忘记了要招待两位客人。张五和王维是旧友，自然没有拘束，乐声到酣畅处，他仗剑上前，剑气一指，伴着音乐舞了起来。张炎看到这样的情景，自己也坐不住了。他走到案前，提笔开始作画。曲终人散，王维和张五发现竟不见了张炎。正在寻找之际，张炎的声音从室内传来："哈哈，两位兄长好雅致，愚弟作画一幅，以记今日两位兄长的风采。"

二人走近了，便看见一幅画作，画中一个着素衣的中年人，坐于屋前专注地弹奏乐曲；另一个着青衫的人，挥舞着长剑与落叶和微风融为一体。

"多谢贤弟！"二人齐声说道，还伴着作揖的动作。三人都哈哈大笑起来。

"此处的题词我还没有想好，两位兄长有没有好的建议？"

王维低头不语，张五兴奋地说道："我们之中，若论诗才，摩诘兄若称第二，何人敢居第一？这题词的活儿，摩诘兄你可不能推脱。"

王维看着画不作声，略微沉思后，他题了这样一首诗：

> 五湖千万里，况复五湖西。
> 渔浦南陵郭，人家春谷溪。
> 欲归江淼淼，未到草萋萋。
> 忆想兰陵镇，可宜猿更啼。
>
> ——送张五諲归宣城

这首诗的头两句，写了张五故乡之美。"欲归江淼淼，未到草萋萋"两句则写景含情，余味不尽。友人即将远归，望着浩渺的江水，自然怀着游子的无限惆怅，多少话语尽在不言之中。最后写出了苍凉迟暮之感，看似平淡而感情深沉，让人不禁想到离别之苦。

"此画配上摩诘兄的诗，倒也是绝了！"

"以此作当成是为张兄送行的礼物吧，但愿你此去不再烦恼，享受隐居的生活。这居所虽没有什么特点，我却最爱泛舟于水上，船坞里饮酒赏景倒也别有一番风味，二位可愿意一观？"

"如此甚好。"二人同声回道。

想到了就行动，王维找了个船家，为他们三人撑船，而自己却在船中欣赏外面的景致，好不惬意。这时，坐在船坞里的王维无意中瞥见岸上一个扑蝶的女子，这一望不要紧，竟然让王维惊呼出声。

这女子侧面看来和王维已故的妻子颇为相像，这是无数次出现在王维梦中的情形。王维以为是自己喝醉了，所以出现了幻觉。可是他走出船坞，定睛细看，女子还在那里，明媚的笑容快要灼伤了王维的眼。

时间定格在这一秒，所有的思念和记忆瞬间涌上脑海。

东风乱我心

女子身着大红衣裳，衣襟上画着金色的牡丹，头上步摇轻摆。她手持团扇，追着一只五彩的大蝴蝶，在田边的地里奔跑。王维有那么一瞬间的恍惚，女子脸上娇俏的神态，跟那年红梅间调皮的宛如一样。回忆与现实重叠，王维心里生出无限的物是人非之感。王维站在船头，想起的一首诗，其诗云：

> 有狐绥绥，在彼淇梁。
>
> 心之忧矣，之子无裳。
>
> 有狐绥绥，在彼淇厉。
>
> 心之忧矣，之子无带。
>
> 有狐绥绥，在彼淇侧。
>
> 心之忧矣，之子无服。

此诗所表之情，恰如摩诘此刻之心。上古原始时代，狐为求偶进而成为爱情的象征。《诗经·卫风·有狐》的女主角是孀居多年的寡妇，看到淇水之畔的男子，心有爱慕，故以狐起兴，述说自己的深情。王维此刻虽然不能说对岸边的女子有深情，可是这情状，王维只觉得看到了自己的妻子一般。

王维静静地伫立于船头，小心翼翼地看着岸上的背影，怕自己一眨眼，就失去了这眼前的美好。他的眼中满是回忆与忧伤，脸上不自觉地流露出复杂的神色。宛如离开也有十多年了，这十多年，他始终不能忘记妻子的深情。王维负手而立，微风轻轻吹过，他抬起一只手抚摸自己下颚上的髯须，一种历经世事的沧桑爬满脸庞。当张五从船坞中出来透气，看到的就是这样一幅画面。听到响声的王维，回头看见张五出来，想起船上还有客人，赶紧收拾情绪，继续和二位的游览，可是情绪显然没有刚才高涨了。

晚上送走了两位好友，王维的心情还是不能平静。

自古逢秋悲寂寥，离人的心本就凄冷，奈何秋夜如此寂寥，况且这离别还隔着生与死，天与地。空洞无物的房间里，王维焚上了檀香，独自坐在蒲团上，闭眼冥思，他希望自己的内心能有一刻的平静。窗外是风吹过树叶的"沙沙"声，耳边有山谷中不知名的鸟鸣叫，流水潺潺叮咚。这些自然之声仿佛跳跃成音符，谱写一曲自然的美妙音乐。更漏滴滴答答地响起，想来有二更了吧。想想自己，年近半百，孤身一人，双鬓跟秋叶一样，变换了色彩。不同的是，秋叶变成了缤纷的样子，自己却青丝变白发。明年春发之时，此刻的黄叶又会焕发出生机勃勃的绿色，而自己

行到水穷处，坐看云起时 王维诗传

呢？也许下个春天，白发就会爬满了双鬓吧。可是在这个世上，有人不是孤独的吗？

独坐悲双鬓，空堂欲二更。

雨中山果落，灯下草虫鸣。

白发终难变，黄金不可成。

欲知除老病，唯有学无生。

——秋夜独坐

王维相信，万物有其轮回生死的规律，人的生命虽然短暂，可是自然不会停止。而只有信奉佛教，才能从根本上消除这种悲哀，解脱生老病死的痛苦。

正当王维在山中过着半隐半仕生活的同时，朝廷上却暗流涌动。伴随着杨贵妃的得宠，朝廷中盘根错节的势力有了重新洗牌的态势。在这一次变化中，有人遭到玄宗的猜忌，从此开始走下坡路；有人受到重用而平步青云；更有人继续韬光养晦，积累并暗中扩大自己的势力。在这一次利益的角斗中，王缙终于看清了形势，冒险地选择了自己的队伍。

事情的发生得从天宝二年（公元743年）说起。正月，安禄山以平卢节度使，兼柳城太守、押两蕃、渤海、黑水四府经略使的多重身份入朝。玄宗对其宠信有加，经常召见。而安禄山也聪明地讨得玄宗开心。一次，他谎奏说：营州境内出现了害虫，蚕食禾苗，臣焚香祝天说："臣若操心不正，事君不忠，愿使虫食臣心；若不负神祇，愿使虫散。"这时忽然来了一大群红头黑鸟，霎时把虫吃得精光。这席话在很大程度上取悦了玄宗，在第二年的三月份，玄宗下旨，安禄山取代裴宽，兼任范阳节度使。安禄山不但讨好玄宗，对朝中说话有分量的臣子也大加笼络，这其中就包括礼部尚书席建侯。他在玄宗面前大力称道安禄山公正无私，裴宽与宰相李林甫也随声附和。三人又都是玄宗所信任的人，"由是禄山之宠益固不摇矣"。

天宝四载（公元 745 年），得知了玄宗有吞并四夷的愿望后，安禄山想到了可以用边塞之功来取悦玄宗，所以他屡次率兵侵犯北方的奚与契丹。但在此之前，唐朝曾与契丹和奚和亲，分别把公主嫁与奚和契丹，双方关系友好和睦。安禄山这样的进犯举动，激怒了这两个北方的少数民族，所以他们各杀公主叛唐，和亲的关系就此破裂。

天宝六载（公元 747 年），安禄山再次入朝。曾因内宴承欢时，上奏玄宗说："臣蕃戎贱臣，受主宠荣过甚，臣无异才为陛下用，愿以此身为陛下死。"玄宗便命令杨铦、杨锜、杨贵妃与安禄山以兄弟相称，而安禄山见杨贵妃宠冠六宫，与她搞好关系对自己十分有利，尽管他比杨贵妃大十八岁，却甘心做她的养儿。从此，安禄山侍奉杨贵妃如母，因而得以随意出入禁中，有时与杨贵妃对面而食，有时在宫中通宵达旦，致使外面流传着不少丑闻。不过，玄宗、杨贵妃还有安禄山三人都不以为意。

此时朝廷之上呈现出的态势：李林甫的专权逐渐被打破；后起之秀杨国忠和安禄山逐渐夺取权力，与李林甫的矛盾初见端倪。同时，因为利益的冲突，杨国忠和安禄山之间摩擦不断。在权力漩涡的中心，还有一个人一直韬光养晦，这个人就是曾经用铁血手腕，在李林甫的层层围攻下二度废妃以自保的太子李亨。王缙在审时度势之后，暗中成了李亨的势力。

安禄山虽然出身胡夷，可是身处朝堂之上，对中原文化自然也需要附庸风雅一番，这样才能与人虚与委蛇，与朝堂上的文官们打成一片。几次入朝，与很多人宴饮，他都听说有个叫王维的人诗才很是敏捷，结交的又都是有文化的人。所以想看看这个白面书生，只可惜一直都没有缘分见面。

这日下朝之后，安禄山大摇大摆地坐上了自己的车驾，正准备走的时候，听见旁边宫女们窃窃私语。

"听说那个穿白衣的就是王维。"一个宫女说道。

"果然不凡，怨不得当年的九公主都对他青眼有加。"另一个宫女回答道。

安禄山听到自己一直想要见的人就在眼前，所以他命人去把王维找来。安禄山虽然位居高官，深受玄宗的喜爱，可他一介武夫，又没有什么文化，说起话来自然粗俗不堪。王维听到是那个安禄山要见自己，想起他粗俗的样子，不禁一阵厌烦。但心中即使一百个不愿意，也不能拒绝，他只好耐着性子上前施礼。

安禄山自己掀开车帘，一脸不屑地上下打量了一番，说道："你就是那个王维？"

"正是下官，下官拜见安大人。"

"好好，大家都说你诗才很好，那你就随我走一趟吧。"

王维无奈，只能随安禄山一同归府。原来安禄山经常在府中宴请一些朝中所谓的朋友，这次强行拉了王维来参加。

王维自从因为与岐王过从甚密而遭贬官以后，他就十分注意这种宴饮应酬，所以除了与好友的交游，这么多年，他很少参加这种形式大于内容的应酬，自然应酬之作也少之又少。今日被强拉了来，虽然不愿意，但也不得不打起精神来应付着。

"来来来，各位兄弟，看看我今天请了谁来！"安禄山大声吆喝着，众人循声看去，来人竟然是王维，不禁有些意外。相互见过礼后，各自安席坐下。宴饮音乐开始，安禄山来自军营，他设宴款待客人自然与京中不同。席上的菜式以肉食为主，喝酒的碗都很大，可谓是豪饮。一会儿工夫，他就和别人大声吆喝着划起拳来。酒到酣处，他想起来今天叫了王维，所以回头说道："听说你作诗作得好，来一首让大家乐和乐和！"

王维听他说得粗鄙，可是也不能当面拂了他的面子，只好拿出自己的边塞诗应付一下。他念道："一身能臂两雕弧，虏骑千群只似无。偏坐金鞍调白羽，纷纷射杀五单于。"

"哈哈哈哈，这前面什么雕啊羽啊的我倒是没听懂，这最后一句说射杀单于倒是好。"

众人看安禄山的神情，也忙跟着附和：这最后一句最好，安大人果然有眼光。

"只是这射单于不好。"

众人忙问是为何，安禄山说："咱们大唐现在的敌人是契丹，你去杀单于干啥，还是改成射契丹好些！"

众人一边偷笑，一边说："大人好见地，说得太对了！"

王维只觉无奈，这时有人说道："王大人不但诗好，他的琵琶更是一绝。曾经的岐王和九公主都对王大人的技艺称赞有加，今日不知能否一展身手？"

"你还会弹琵琶呢？"安禄山惊讶地问道。

王维只得回答道："雕虫小技不足挂齿，不若将军战场杀敌让人敬佩。"

"哈哈哈哈，弹来听听！"

王维只得跟下人要来了琵琶，弹奏的是他曾经在凉州出使时听来的边塞之乐。因为王维知道，雅正的庙堂之乐，安禄山势必听不懂。果然，一曲奏毕，安禄山很是高兴，当即问道："弹得好！你可愿意来我帐下当差？"

王维笑笑，说道："多谢大人美意，只是王维本就不若将军威猛，且年龄已经大了，干不了战场的工作了。醉卧沙场的事情，还是得留给像大人一样的英雄。"

这一番话说得安禄山很是受用，也就没有再勉强。不过王维很有才华这件事在安禄山的心中扎下了根，以至于在"安史之乱"时，才有了后来的故事。

应酬了一天的王维拖着疲倦的身体回到家中，王缙担心地等着王维回来，问了情况之后，叹了口气说："哥哥不知，这安禄山喜怒无常，且粗鄙不堪，从内心瞧不起文人，真怕你这次出点什么意外。"

"还好，只是正常宴饮。"

"我听闻他想要哥哥做他的幕府？这件事哥哥一定要三思而后行。"

　　"是有这件事，不过我已经婉言谢绝了。"王维惊叹消息传递得如此之快，不过像安禄山这种奸佞小人，他确实不屑于与之为伍。王缙委婉地说出了要追随太子的事情，希望哥哥跟自己有一样的选择，王维对此事倒很释然。他淡淡地回答道："此事容后再议吧，你知道我现在的心思已经不在这些上了。只是你要万事小心，自古政治斗争都是你死我活的血战，一旦卷入就没有退路。"

　　"哥哥放心，此事我自有分寸。"王缙回答道。

　　王维了解自己的弟弟，知道他做事情从来都是有必胜把握时才出手，所以也没有过分担忧，仍然自顾自地过着悠然的生活。

第七章

乱世浮沉，山雨欲来

独坐幽篁里

　　一个人在历史的洪流中颠沛，无论从时间还是从空间上来衡量，以一人之力抗争，我们不难发现个体的渺小。在命运的面前，抗争与妥协往往殊途同归，那么也就无所谓伟大与英雄。王维是唐代几百年历史沧海中的一粟，他左右不了宿命赋予他的苦难与幸运，好追求自己内心的平静，这是王维唯一能把握的事情。你不能因为这样就去谴责他的懦弱，试问在历史的洪流面前，有几人可以不随波逐流？

　　儒家有句经典被历代文人奉为圭臬：达则兼济天下，穷则独善其身。依王维现在的职位只能做好独善其身，可是这并不能阻止他心怀天之下忧，更不能阻挡他悲天悯人的情怀。天宝十载（公元751年），安禄山为了邀军功，屠杀了很多奚和契丹的百姓。此消息一经传回长安，玄宗甚是高兴，任安禄山为河北道采访处置使。不真正到过地方的人，不真正看见过在天灾人祸下人类生命渺小的人不能够明白王维此刻的心情。他仿佛看见了尸横遍野，仿佛看见了哭爹喊娘的稚子，仿佛看见了永远也等不回归人的少妇。胡人的生命也是生命，众生平等，天下苍生何辜？功名利禄难道真的比生命还要重要？更何况这些人丧生竟然是为了一个恬不知耻、祸国殃民的奸臣！当时王维曾经在《送陆员外》一诗中有几句：万里不见虏，萧条胡地空。无为费中国，更欲邀奇功。诗歌中，王维讽刺了安禄山杀戮过重，同时对穷兵黩武所带来的人力、物力、财力的损失也进行了委婉的批评。

旧时王谢堂前春燕飞进寻常百姓家之时，春意盎然到来。这个春天有些决绝的味道，一切都在冥冥注定中朝歧路的方向发展。近日弟弟的行踪越发不可捉摸，兄弟俩已经好久没有见面了。赶巧一日王维下朝后，需要留在长安宅院中打理家事，所以没有回别业，晚了就留宿在京中。

王维坐在窗边，正在整理着他近日来与朋友们相互酬和写的诗作，这诗集的名字他都想好了，由于大部分都是在辋川别业所作，所以就叫《辋川集》。此时正是春寒料峭之际，王维身着厚厚的衣服，满室檀香缭绕。他安静地坐着，像是一幅画。王缙从外归来，看到哥哥的房中竟然亮着蜡烛，想来王维没有离开。自从自己暗自投靠了太子李亨，常常出外帮助太子处理事务，他都不记得有多久没跟哥哥交谈了。于是王缙吩咐下人备好酒菜，自己款步走向王维的院子。

敲门之后，王缙开口道："哥哥今日怎么没回别业？"

抬头看见是弟弟进来了，王维放下了笔，笑着说："今日家中下人们放月钱，我已经好久没有看见他们了，所以过来照看着，忙完了天色就晚了，所以今晚就留下来了。"

王缙看到王维手录诗歌，不禁羡慕起哥哥的清闲来："哥哥好雅兴，这些诗歌是什么时候作的？我竟都没有读过。"说完了自己也深深地无奈。一个人追逐梦想的脚步不停，那么他需要付出的比常人就要多很多。有得必有失，可这得与失的评判也不过在一念之间罢了。放弃功利的计算，所谓的得失不过是心境上的平衡。

"缙儿，你最近清瘦了不少，朝堂上的事情你要多加小心。"

"哥哥说得是，今日里朝堂上暗流涌动，真的很难应付。我也打算去哥哥的别业小住几日，不知哥哥是不是欢迎？"

"哈哈，你这说的哪里话，别业是我的，难道不是你的？你愿意，来住便是了。"

王缙温暖地笑笑，然后正色说道："哥哥最近要小心，朝堂上不日将有大变。"

可是王维并不以为意："我一个闲人，不会有人注意到的，你且放心，放手去做吧。沉浮这些年，我在为官这件事上的心思倒是少了，不然还可帮帮你。"

说到这里，门外仆人敲门，原来是王缙事先安排的酒菜已经送来了。

"咱们兄弟也有些日子没有见面了，今日何不就着这春花秋月痛饮一场？"

"呵呵，好，今晚我们就不醉不归。"

也许是因为曾经宦游的经历，也许是因为他们对佛学共同的追求，这对已经年过半百的兄弟，感情非常好，从来没有过摩擦。此刻，他们仍旧像从前一样喝酒、论诗、谈画。如果岁月一直如此静好，那么当是多么幸运的事情。

两个月以后，王维接到圣旨，自己从左补阙的职位调离，被任命为文部郎中。这虽然仍旧是闲职，可是品级由八品升到了五品。王维知道这是弟弟在暗中帮助的结果，便安然地做着他的文部郎中。自保，不让政敌抓住把柄以连累王缙，这是他能为弟弟做的唯一的事情。

而此时的朝堂用暗流汹涌来形容一点也不为过。杨国忠与李林甫的权力斗争达到了白热化，此时的李林甫不但逐渐失去了玄宗的信任，身体也每况愈下。玄宗已经暗中将杨国忠当作李林甫的替代品了。可是说起杨国忠的作为，比之李林甫是有过之而无不及。

杨国忠执政期间，对外曾经发动过两次战争，攻打的对象是南诏。不幸的是，两次都以失败告终，国库和国力的损失直接到了空虚的程度。天宝十载（公元751年），杨国忠刚刚上任京兆尹一职，京畿重地的治安完全掌控在他的手中，权力之大可见一斑。他趁机推荐自己的党羽鲜于仲通为剑南节度使，并命令他率兵攻打南诏，结果大败，士卒阵亡六万人，南诏归附了吐蕃。对此杨国忠不但没有处罚鲜于仲通，还为其大邀战功，被蒙在鼓里的玄宗还真的以为自己身边都是精兵悍将。紧接着，杨国忠又上书请求第二次发兵攻打南诏。玄宗便命令在长安、洛阳、河南、河北各地广泛招兵。杨国忠派御史到各地去抓人，把他们戴上枷锁送到军营。被抓士兵的父母、妻子哭声遍野。

在朝廷上，杨国忠让文部选官之时，不论才华，只看资历，为官年头多的就可以留下，以便笼络人心，建立自己的势力范围。按照唐朝的规定，宰相兼任兵部尚书和吏部尚书，职权范围已经很大了。为了避免一人独揽大权，选官的职责应该交给侍郎以下的官员办理，而且手续十分严格，必须反复进行筛选才可。然而杨国忠私自拟好名单，然后命令胥吏到自己家中，命令左相陈希烈和各个相关部门的长官都聚到一起，当众宣布名单，一天就完成了原本应该半年多完成的工作。选官大权于是被杨国忠一人垄断。如此一来，杨国忠的做法表面上看竟然提高了工作效率，而且迎合了一些人的需要，所以他的亲信们竟然请求玄宗给杨国忠在省门立碑，以赞扬他的选官之"功"。玄宗于是让鲜于仲通起草碑文，并且亲自修改文书，刻好后立于省门之侧。

这样一来，李林甫的权力就被架空了。面对这样的颓势，任李林甫如何狡诈，在失去了玄宗的宠信之后，一切都成为妄谈，他只求不在有生之年被罢官抄家砍头就好了。

天宝十二载（公元753年），李林甫病逝。玄宗旋即命杨国忠担任右相，兼文部尚书，判使照旧。杨国忠以待御史升到正宰相，身兼四十余职。为了斩草除根，杨国忠纠结朝臣，诬陷李林甫在世期间勾结外敌卖国等几十余条罪状，还未下葬的李林甫在死后竟然被削去官爵，改以小棺如庶人礼葬之。李林甫的子孙被流放岭南，即为今天的广东、广西等地，家产全部被没官。

行到水穷处，坐看云起时　王维诗传

宿命的轮回是一个奇妙甚至荒谬的过程，削官爵、流放子孙、抄没家产，李林甫为相的十几年里，他不知对多少忠臣良将施展了这样的手段。如今报应不爽，虽然杨国忠用了卑鄙的手段，为的是达到卑鄙的目的，可是不能不说李林甫得到的惩罚是他应得的。

　　李林甫死后，王维觉得一直压在自己身上的巨石仿佛被挪开了。他以为自己又有了机会，事实也是如此，只是其中的波折，王维并未预见到。这一时期，王维的诗风又见活泼的倾向，可是这活泼并不代表王维对自己的政治生命再次充满了期待和激情，对于这样一位悲天悯人的才子来说，没有什么事情比奸相遭到惩罚来得更快意了。例如，下面这首诗就是这样：

芙蓉阙下会千官，紫禁朱樱出上阑。
才是寝园春荐后，非关御苑鸟衔残。
归鞍竞带青丝笼，中使频倾赤玉盘。
饱食不须愁内热，大官还有蔗浆寒。

——敕赐百官樱桃

　　如果这首应制之作还不能表现王维诗风的转变的话，下面这首与友人的酬和会更好的表明：

建礼高秋夜，承明候晓过。
九门寒漏彻，万井曙钟多。

月迥藏珠斗，云消出绛河。

更惭衰朽质，南陌共鸣珂。

——同崔员外秋宵寓直

所谓快乐，就是高兴的事情很快就会过去。李林甫的下台让王维暂时有了愉快的心情，可是他很快就发现了杨国忠比之李林甫，有过之而无不及。这时的王维已经无心思考朝政了。他把自己的心思全部花在经营辋川之上，在王维的经营之下，辋川别业已经变成了文人、僧人交游的好去处。春、夏、秋、冬，王维以一个艺术家独特的敏感，记录着辋川别样的色彩，王维笔下的辋川静谧、疏朗、安宁、美好。

王维生性喜好交游，在他众多和尚朋友中，有一个人很值得一提，他的名字叫晁衡。晁衡原名仲满，日本人，即为历史上有名的东渡和尚——阿倍仲麻吕。唐朝是当时世界上最为发达的地方，所以很多国家例如波斯、高丽、日本都会派来遣唐使或者留学生，这些人生活在长安，学习唐朝先进的文化和技术。

晁衡是唐玄宗开元五年（公元717年）随日本遣唐使来中国的留学生，到唐朝后改名为晁衡，历仕玄宗、肃宗、代宗三朝，任秘书监，兼卫尉卿等职。王维与他的相识在什么时候，现在已统统不可考证了，但有一点可以证明，两个人的关系很好。

天宝十二载（公元753年），藤原清河作为大使的日本第十二次遣唐使团来到长安，并且迎接著名的鉴真和尚赴日传授佛法。十月，晁衡陪同使团到扬州延光寺礼拜鉴真和尚，之后随同返日。

王维常常与晁衡在辋川谈论佛法，交情甚笃，眼看着晁衡要离开，古代交通不发达，海路遥远且不甚安全，王维对朋友归国十分不舍也很担心，所以作诗相送，原文如下：

积水不可极，安知沧海东。

九州何处远，万里若乘空。

向国唯看日，归帆但信风。

鳌身映天黑，鱼眼射波红。

乡树扶桑外，主人孤岛中。

别离方异域，音信若为通。

——送秘书晁监还日本国

山中好风日

天宝十三载（公元 754 年），王维五十六岁，升任给事中。给事中官列正五品上，是门下省的职位，而且是相当重要的职位。它的职责是分判本省即门下省日常事务，具体负责审议封驳诏敕奏章，有异议可直接批改驳还诏敕。百司奏章，得驳正其违失，事权甚重。

这是王维为官几十年来所担任的职位最高、权力最大的官职。生活有时候就是这样可笑，当你不需要的时候，它偏偏给了你曾经魂牵梦萦的东西。此时此刻，王维的心思已经不在政治前途上了，他更愿意寄情于山水和禅宗，自我的放逐有时候更是一种自我救赎。无欲无求的王维，面对这样的重要的职位，每日也不过是完成应该尽的职责罢了。不求有功，但求无过，但求无愧于心。

山中自在宁静，王维也乐在其中。初冬之时，夏日里叮咚作响的溪流此刻竟渐渐清浅起来，露出了河床上圆润多样的石

行到水穷处，坐看云起时 王维诗传

头，清澈的溪流便这样跳跃在嶙嶙白石之间。寒风徐徐吹过，又到了枫叶染红时，翠绿的青山点缀着一抹绚烂的红色，分外醒目宜人。这样的秋日最适合登山独行，色彩明丽的山景是最好的伴侣。白雪皑皑之时，王维自己躲在屋中临字作画，若是除去朝中琐事烦扰，日子倒也自在快乐。

山中好风日，时间过得自然很快，冬去春来，辋川迎来了一位客人。此人诗才很好，在中国文学史上小有名气，他的名字叫钱起。

钱起（公元710—782年），字仲文，吴兴（今浙江湖州）人。他是王维众多好友之一，其诗风格清奇，与郎士元、司空曙、李益、李端、卢纶、李嘉祐等并称"大历十才子"。

钱起来的时候，王维正在文杏馆前忙得不亦乐乎。从远处看，他卷起裤管和衣袖，身着深褐色的短打，脸上洋溢着兴奋的神色。走近了才看到，他在打理馆上旁逸斜出的枝叶。这文杏馆的构造颇为奇特，确切地说它是建在杏树上的。房舍中的承重柱子——屋梁，是截断了文杏安做的。香草编织的屋宇，取屈原以香草美人自喻的典故，表现主人品格高洁，不与世人同流合污。取法自然，王维最是中意的自然之美显露无遗。屋宇不大，可是在杏花盛开之时，馥郁清香萦绕鼻尖，确实别致有趣。

"怨不得此处名叫文杏馆，原来是这么建造的。"钱起心中暗忖。这样想着，他走上前去，说道："摩诘兄好雅兴，怪不得世人都夸兄之辋川为大唐之世外桃源，这春景实在是美。看看这满山的青翠，骤雨般沾湿了衣衫！"

"仲文来啦，你怎么有闲情来我这逛逛啊？"王维笑着回答。

"哈哈，快点拿出你的好酒来，我是来辞行的！"

"辞行？又要调任了？"

"朝中尘世烦扰，我决定效仿摩诘兄，隐居蓝田，今日特来辞行。"钱起笑呵呵地说道。

"来来来，快进来，如今桃花待放，那桃花坞我也好久没去了，今日咱们就去那处吃酒如何？"

"美则美矣，只是桃花娇弱，更似少女情怀。我却最爱摩诘兄竹里馆那一处凤尾森森，身处其中总是不免想起竹林七贤，更有一番风骨。"

"好好，那咱们就去竹林，竹林清静，适合长谈。"

白日已经西沉，炊烟袅袅升起，田舍中的一切自然恬静。王维像想是起了什么，回身对钱起说："我们晚饭去竹林亭吃，我与你畅谈。只不过我这里可没有肉，你知道我茹素多年，还得委屈你。"

"摩诘兄这是哪里的话，清清淡淡的才好。"

"我已经吩咐厨房了，趁着空当，天色也还亮着，我带你在这附近转转。前几日，我见春暖花开，着人在湖边建了个亭子。可愿意随我一同去看看？"

"悉听尊便。"钱起笑着说。

二人绕过菜畦，过桥一直往前走，大概走了一里左右，欹湖

行到水穷处，坐看云起时 王维诗传

就到了。欹的意思为倾斜，此湖取名欹，是因湖势倾斜而得名。未见欹湖之时，钱起已经闻到了荷花香，若隐若无，暗香浮动。到达目的地以后，首先映入眼帘的是一汪碧湖，湖水清澈平静。极目远望，山色青青，白云舒卷自如，变幻莫测。湖边有小船一只，摇曳着横斜在岸边。湖心处有一座凉亭，周围开满了荷花。王维和钱起小心登船，向湖心亭划去。

"此亭刚刚建成，我也是第二次来，还没有想好名字，仲文你可愿意赐名？"王维一边解释一边划着船。

"多谢摩诘兄抬举，赐名不敢当，勉力一试吧。"钱起想了一想，说道，"这亭子本就傍水而建，且与荷花相得益彰，其美在自然和谐，让人有尘念俱消之感，所以名字若过于雕琢弄巧反倒不好，索性就叫临湖亭可好？"

王维听了，点头道："仲文知道我的心意，这名字恰到好处，我明日让人写了牌匾来挂上。"

从西边上岸，湖边的滩涂上面立有一块石碑，名之曰白石滩，因此处滩头有白石一块而得名。溪水由此处入湖，沿着溪流追溯，清水、白石、绿蒲相映成趣。家住滩两头的姑娘们在滩头浣纱，欢声笑语不绝于耳。

日头沉沉西归，暮色四合。

"天色暗了，想必老张也做好了饭食，我们且回吧。"王维说道。

"哈哈，此处美不胜收，竟一时忘了时间。"

"仲文的蓝田美景，我也很是羡慕呢。"

"摩诘兄此处真是桃源，有兄长这样的人居住在此，倒也不辜负这美景了。"

王维和钱起谈笑着，不知不觉就回到了主屋。王维吩咐仆人把酒菜安置在竹林亭中，二人稍事休息，就奔竹林而去。

亭中木质的桌椅是王维亲手制造的，坐于其上，一种木头的香气就萦绕在身旁。桌上摆着几盘清清淡淡的菜蔬，是刚从王维房舍后面的菜畦里采摘的。酒菜虽然简单，可是与志同道合的朋友相聚，酒不醉人，人也应该自醉吧。林里空幽，森森然清净喜人。月影疏浅，皎皎然洒落，让竹子多了一抹朦胧的神秘感。觥筹交错的瞬间，浓烈的酒香散发到空气中。春夜宁静，仿佛一切生命都已经息止，可是下一刻仿佛又听到了庄稼拔节的声响，不知道哪里，时而传来了犬吠声，这才让人心中有了并非梦境的真实感。王维弹琴长啸，划破长空的是一声声明亮的音符，他弹毕起身低吟：

> 夜静群动息，时闻隔林犬。
> 却忆山中时，人家涧西远。
> 羡君明发去，采蕨轻轩冕。
>
> ——春夜竹亭赠钱少府归蓝田

这次的别离，王维一扫郁闷的心情，虽然不舍，但他毕竟是开怀的。这从"羡君明发去，采蕨轻轩冕"中一个"羡"字就可以看出，钱起安于采薇饮浊酒的生活，远离爵高官显的仕途，真正的脱离，让王维何等羡慕！

听罢王维的赠诗，钱起手持酒杯，一边喝着，沉思片刻，张口便道：

> 山月随客来，主人兴不浅。
> 今宵竹林下，谁觉花源远。
> 惆怅曙莺啼，孤云还绝巘。
>
> ——钱起《酬王维春夜竹亭赠别》

亦官亦隐，这是当时很多士人的选择，一方面是隐逸情怀的文化向心力；另一方面，一个真诚的正直的心怀苍生的书生，没有办法忍受乌烟瘴气的朝廷。此时的朝廷，杨国忠已经独揽大权，一人之下万人之上，但他对百姓的疾苦漠不关心。

天宝十二载（公元753年），关中地区天灾不断，水患饥荒严重，百姓深陷水深火热之中，民不聊生，饿殍遍野。唐玄宗知道后很担心天灾会导致庄稼减产，影响到农业生产，而挨饿的饥民流民又会引起社会混乱。杨国忠知道玄宗的担忧以后，便叫人专门拿好的庄稼给玄宗看，并且告诉玄宗说："雨水虽多并未伤害庄稼。"

可笑的是，玄宗竟然信以为真。杨国忠更是继承了李林甫的传统，出行前呼后拥，政务在家中处理，对上下建议奏折做出决定和批示以后，让陈希烈代他署名。御史台、尚书省的官员有才能名望的，如果不与自己意见一致，都调出朝廷或京城，或者陷害贬官。

另一方面，玄宗还很是宠信安禄山。与杨国忠不同的是，安禄山手握重兵，实权很大。杨国忠知道安禄山必定不是久居人下的人，况且卧榻之侧岂容他人酣睡，所以杨国忠决定除掉安禄山。

杨国忠曾经多次在玄宗面前提醒，说安禄山有谋反的意图，可是玄宗并不相信。安禄山身任三道节度使，而且掌控东北地区的精兵，他确实有别的想法，只是一直没有借口。杨国忠执政之后，对他处处使绊子，他已经知道杨国忠必定会对自己不利，开始提防杨国忠，二人的矛盾有不断激化的趋势。

也许是上天不帮助杨国忠，他任命司勋员外郎崔圆为剑南留后，魏郡太守吉温为御史中丞，充京畿、关内采访等使。吉温向安禄山辞行，准备离开范阳时，安禄山亲自为吉温牵马，还让自己的儿子安庆绪十里相送，面对安禄山看似诚恳的行动，吉温很感动。后来吉温在长安任职，把朝廷的变动全部告知安禄山，成为安禄山在朝廷里安插的眼线。消息传递速度之快，竟然能够一夜之间就传达到安禄山那里。杨国忠在玄宗跟前诬告诋毁安禄山，安禄山很快就可以得到消息，至此，二人的矛盾公开尖锐起来。

此时的王维身处要职，况且他的政治嗅觉极其敏感，早就已经察觉出来朝堂内外诡异的氛围。各种权力不断角斗，危险的气息越来越近。目前的朝廷，表面看似安静平衡，可这不过是暴风雨来临前片刻的宁静，可怕、压抑。可是王维不曾感知的是，这场暴风雨一旦席卷而来，不知道会摧毁多少权力交织的房舍，带走多少手无缚鸡之力的百姓的生命。

溪云初起日沉阁，山雨欲来风满楼。

胡来但自守

渔阳鼙鼓动地来，惊破霓裳羽衣曲。 当历史的脚步停在天宝十四载（公元755年），一场惊天巨变呼啸而来。从此，伟大的盛唐走到了尽头。十一月初九，身兼范阳、平卢、河东三镇节度使的安禄山，趁唐朝内部空虚腐败，联合同罗、奚、契丹、室韦、突厥等民族组成共十五万士兵，号称二十万，以"忧国之危"、奉密诏讨伐杨国忠为借口在范阳起兵谋反，史称"安史之乱"。

唐玄宗时期，国家兵力共有五十五万，只有六万驻守在长安附近，其他四十九万或者驻守于边陲，或者掌握在各地节度使手中，皇帝无法轻易调动，于是形成了严重的外重内轻的局面。而盛唐安定繁荣近百年，刀枪入库马放南山，百姓和士兵都疏于战争，所以河北州县立即望风瓦解，当地县令或逃或降。安禄山从范阳起兵，长驱直入，至十二月十三日攻占东都洛阳，仅用了三十五天时间。在这短短的时间内，他就控制了河北大部郡县，河南部分郡县也望风归降。

十一月十四日，玄宗得知安禄山谋反的消息。王维身处给事中要职，对于往来奏折和皇帝诏命，都可以第一时间知晓，当王维看到这一消息的时候，还没有意识到这场浩劫的严重性。玄宗得到消息后震怒，想到自己曾经宠信的人竟然谋反，他生气地甩了案上的茶具和奏折，厉声说道："传朕旨意，命安西节度使封常清兼任范阳节度使、平卢节度使，负责防守安禄山的进攻。命荣王为元帅、高仙芝为副元帅，圣旨下达之日，立即动身东征，剿灭叛军。"政令下达到门下省，众人不敢怠慢，看到玄宗如此坚决的态度，大家暂时都安心了。因为想起安禄山粗鄙不堪的样子，没有人相信他真的能成大气候，所以京中的一切事宜仍旧有条不紊地运转着。

然而前方紧接着传来的消息让大家都震惊：东京洛阳陷落！叛军田承嗣、安守忠进攻洛阳，封常清军队被叛军骑兵冲杀，大败溃逃，叛军攻占洛阳，封常清逃走。叛军追击高仙芝军队，唐军大乱，人马践踏，死者不计其数。后唐军退守潼关，才阻住叛兵西进。东都洛阳是西都长安的一道屏障，两者为掎角之势，一旦洛阳陷落，长安也危在旦夕。天宝十六载（公元756年）正月，安禄山在洛阳称大燕皇帝，准备西进夺取长安。

此时战事紧张频繁，公务繁忙，王维也没有空闲时间回辋川安度隐居生活了。朝廷之上风声鹤唳，长安城中的百姓则是战战兢兢。唐玄宗任命河西陇右节度使哥舒翰为兵马副元帅，扼守潼关。哥舒翰采用以逸待劳战术阻击叛军，等待决战时机成熟。但玄宗屡次催促他出战，哥舒翰不得已出关与叛军决战，结果唐军大败，哥舒翰力战被俘，投降了安禄山。

潼关是通往长安的最后一道屏障，潼关既破，长安已无险可守。消息到达的时候是晚上，玄宗得知之后，为了避免灾民流动、朝廷和后宫大乱，他封锁了消息，只告诉了几个重臣和杨贵妃，这当然不包括王维。晚上，王缙急急忙忙地回到家中，他先在前院安排了一些事情，把行车大概路线告知家眷，催促着他们先出发，因为女眷居多，跟随大军一起行走，一则难以跟上队伍的速度，二则王缙毕竟不是高官，没有理由自己也拖家带口地跟着玄宗逃跑。即使贵为天子的玄宗，也不过只带了杨贵妃一个人走。安排好后，前院人去楼空，王缙直接来到王维房中。王维正在案前写着不知什么东西，一笔一画、一动一静，仿佛世界仍旧如此平静，并不曾发生战乱和祸患，现世安稳说的或许就是这种状态。

事出紧急，王缙来不及寒暄，直接说道："潼关失守，不日朝廷将会迁移。皇上会携宫人和一并重臣暂时入蜀躲避。哥哥赶快收拾一下细软，准备启程。"

听闻这个消息，王维手中的毛笔掉在纸上，墨迹氤氲出一大片痕迹。他错愕地说道："潼关失守？什么时候的事情，为什么门下省没有收到奏报？"

"军情都是直接递交给皇上的，何况奏折是今晚到的。皇上为了避免城中大乱，暂时封锁住了消息。"

"那你是从何处得知的？"王维还是不敢相信，偌大的盛唐，竟然败在了一个蛮夷粗鄙的武官之手，皇上出逃，这是何等的耻辱！

"太子今日命人传话，我才知道战况。哥舒翰已经降了安禄山了。明日随行之人众多，肯定是一片混乱，哥哥你要当心。"

"好，你不必担心，顾好家眷。"

"今晚我还要去太子处商量大事，就不回来了。明日不能和哥哥一同启程，哥哥你要保重。"交代完事情，王缙又匆匆忙忙地走了。

王维赶快收拾好东西，准备第二天随玄宗出奔。看看眼前的屋舍，这是自己中举人那年修建的，雕栏玉砌依旧在，只是朱颜改。明日一去，不知道何时能再回来，王维不禁留恋起来。王维想起自己十几岁第一次入长安时候的繁华，路不拾遗，夜不闭户，商旅遍天下。不管你是胡人还是夷狄，不管你是"炎黄子孙"，还是海外来客，人人都能在这里找到自己的归属，那是天下人都希望栖身的繁华都市。大唐，是天下人的文明中心，长安城中形形色色的西域人、高丽人还有日本人是最好的证明。如今，这样的盛世繁华已经走到了尽头，他难以想象那个像猪一样蠢笨的男人，竟然是亲手结束这一切的始作俑者。悲上心头，一种亡国之感充斥在王维的脑海。当王维陷入感慨之际，宫中再次乱成一团。

造化弄人，夜半时分，军情再一次传入宫中。安禄山取得潼关之后，竟然没有休整部队，更没有进行庆祝，而是立即长驱直入，大举进军长安。意识到了危险越来越近的玄宗，决定立即出发。本来定好要在第二日清晨撤离的队伍，竟然在半夜就走得七七八八。王缙被卷在凌乱的出奔队伍中，一时之间也无法通知王维。

等王维清晨起床准备入朝之时，玄宗已经走了两个多时辰了。四野寂寂，沉睡的大唐王朝还没有发觉祸患的到来。宫中仍旧一片祥和，只是来往相告的奴婢们脸上多了几分不可置信的神色。他们脚步匆匆，王维知道，下一刻，这个安静的地方就会轰然倒塌。他不是没想过追上去，只是往来已经毫无痕迹，自己又向哪个方向追逐呢？外面战乱纷纷，如果被叛军抓住了，人死事小，失节事大，还不如留在长安。

早朝的官员们从刚刚的面面相觑，到现在的沉寂无声，他们似乎知道发生了什么，王维能够想到下一刻他们一定会作鸟兽散。随着这些人的离开，长安城将笼罩在阴暗的恐惧之中。

如今，长安城中还悄无声息，消息还没有传开。百姓依旧怀着忐忑的心情，进行着正常的生活。酒肆客栈开门迎客，路边的小摊贩吆喝着，热闹和喧嚣随着日头一起缓缓升起。

从朝中出来，大家都神色匆匆，玄宗出奔的事情已经能从他们逐渐聚焦的瞳孔里映射出来。王维逆着人流，年近花甲的他从来没有这般没有归属感，他仿佛听到了金戈铁戟相撞的声音，仿佛听到了战马嘶鸣、人声鼎沸。渐渐地，他开始接受自己即将面对的事情。现在他要做的事情就是洁身自好，不接受伪职，不为安禄山效力。

王维回到了家中，他安静地等待，等待命运的宣判。他从来

行到水穷处，坐看云起时　王维诗传

没有如此无力的感觉，像是被绑缚住了双手和双脚，命运无法决定，生活不知道能够继续到几时，颓然地等着命运的铡刀。王维想着，趁着暴风雨来临前的平静，他需要安顿好照顾自己这么多年的家仆，这当然也包括王缙的家仆们。

王维向他们说明了情况，然后给了他们丰厚的报酬，遣散家奴，让他们赶紧去逃命。这里又回到了原点，自己孤身一人，面对着空洞的房间。自己在长安宦游，一点一点积累建立起来的家业，顷刻之间就散尽了。转了一圈回到原点，王维豁然明白，原来一切都是虚无，佛家所讲的无欲无求不正是因为这样？黄粱一梦终有醒来的一天，只有佛法中的精神玄奥，才能是永恒的所在。

人说参禅有三种境界——最开始为看山是山，看水是水。初识世界，内心纯洁，眼睛里看见什么就是什么。然后为看山不是山，看水不是水。涉世渐深，发现这个世界一片混沌，黑白颠倒，是非混淆，看山感慨，看水叹息。最后是看山还是山，看水还是水。饱经沧桑，开悟生慧，便可"任他红尘滚滚，我自清风明月"。

王维现在的心境正是这第二种境界，涉世渐深的他开始明白这个世界原本起于混沌，也必将止于混沌，青山绿水皆着我之色彩。此山非彼山，此水皆我水，感慨寄予山水，王维的诗风再一次发生了变化，只是此时的王维哪里还有心情吟诗作画。

轻骑军带着安禄山的嗜血和残暴一并抵达长安。常年驻守在边疆的士兵看到繁华的长安城，肆虐和掠夺的欲望增长到了极致。他们冲进禁宫之中，杀人放火，抢夺宝物和女人。

战乱下的长安城满目疮痍，遭到空前的浩劫。叛军所经之地，几乎一片荒凉：血流成河，百姓民不聊生，流民强盗四起，这还是那个世界文明的中心——长安吗？

唐玄宗李隆基六月十三日凌晨逃离长安后，在马嵬坡（今陕西兴平市西北）途中遭遇兵变。六军不发，龙武大将军陈玄礼请杀杨国忠父子和杨贵妃。玄宗经过激烈的挣扎，下令赐杨贵妃自缢。当然这个圣旨得是老奴高力士传达的，而早已激起民愤的杨国忠则被乱刀砍死。

这场兵变后世众说纷纭，可是只有当事人知道，这是太子李亨和手下的一并臣子，当然包括王缙，设计在危急的时刻除掉杨国忠。为了这一天，太子李亨二度废弃自己的妃子，韬光养晦，受尽了屈辱。然而仅仅除掉杨国忠和杨贵妃还不够，他还有更大的野心。

此事之后，玄宗的军队兵分两路，玄宗入蜀，太子李亨则率领一部分人北上入灵武。

行到水穷处，坐看云起时 王维诗传

身陷囹圄中

　　当你平复了自己的心情，甘愿做一个平凡的人，过平凡的生活时，上天用苦难考验你的真诚；当你决定安心接受上天的安排，兵来将挡水来土掩时，它可能会继续磨难你的心志，不断挑战你接受的底线。王维就处于如此悖论的轮回之中。当他终于安于天命，坐等兵临城下的时候，一件事情再度引起了他的不安和惶恐。他可以忍受多年经营但仍旧怀才不遇，可是他绝对不想去背负遗臭万年的骂名。

　　安禄山曾下令，安史叛军进城之后，全力搜捕朝廷命官，带回洛阳。不愿意归降的下狱相逼，愿意归降的授以官职以收罗人才，参与朝政大事。为了让这些唐朝的命官为自己所用，安禄山可谓无所不用其极。

　　王维的昔日好友——韦斌便深受其害。韦斌是玄宗开元、天宝年间的重臣，其父韦安石曾是武则天的丞相，是台阁重臣。韦斌更是为人正直，老成持重，且颇有文采，深受时人的敬重，他又是薛王李业的女婿，可谓皇亲国戚。"安史之乱"爆发之时，韦斌正任临汝太守，临汝在洛阳西南，当安禄山打开洛阳大门之后，韦斌被俘。安禄山扣押了韦斌的家人，以此作为威胁，逼韦斌就范。无奈之下，韦斌只好接受伪职，希望能够在叛军的内部瓦解他们的团结，从而达到讨伐逆贼的目的。

王维得知韦斌的遭遇之后，深为感慨。自古文人对名节和气节的追求都很高，看着朋友为了家人的性命，不得不接受伪职，内心的不平和苦闷肯定是难以忍受的。生与义，若是自己孤身一人，必定会毫不犹豫地选择舍生取义。可是，当义与家人的生命联系在一起，没有哪个人能够毫不顾忌地做出选择。他必须尊重家人的生命，不能眼睁睁地看着自己的亲人受难，所以也只能背负骂名，委屈自己。王维明白韦斌的苦心，可是他不想自己也陷入这样的境地。所以他不能坐以待毙。想好了一切应对的方法，装好了需要的药物，王维收拾好行装，准备到曾经隐居过的终南山避避风头。

踏出家门，颓败的街景让他忍不住想流泪。入夏时节，这里本来应该是蝉鸣声声、叫卖声声的，可是如今经过战火焚烧的长安，哪里还有昔日的繁荣，城墙外面长满了野草。温热的风吹起，野草随风摆动，这明明就是一个荒无人烟的人间炼狱，这不是长安，不是盛唐的都城。国家破灭了，可是这山、这河、这人还在，在忍受着国破之悲。娇艳欲滴的花朵，似乎都要流出眼泪，为的是这般断壁颓垣。杜鹃高啼着"不如归去，不如归去"，这一声声惊心的鸟鸣，让王维泪流满面。归去？自己该归向何处去？

王维低头看看自己，依旧穿着素衣，缟素的颜色似乎特别刺眼，又仿佛是为了这破灭的山河披麻。年近花甲，花白的头发，手掌上的若有若无的老年斑，日益笨拙的脚步，无不昭示着眼前老人的沧桑之感。自己竟然能够遭遇到梦中都不会想的情景，曾几何时，世人都以为这繁华的盛唐会千秋万代无穷尽吧。他无力地向前挪动，无意中竟卷入出城逃荒的百姓的队伍之中，和他们显得有些格格不入。他们漫无目的地走着，就当王维以为自己已经走出叛军的势力范围之时，一对叛军正面朝他们走来。王维藏在人群之中，盼望着自己能够不被发现，可是，也许是宿命的渊源，他终究没能逃过这一劫。

说来也巧，这队士兵中，有一人曾是安禄山的车夫，安禄山上下朝时都是他为其驾车。当然，安禄山在禁宫之中叫住王维那一次，他也是在的，所以他认得出王维的面孔。立功心切的车夫一眼就把王维从人群中认了出来，结果可想而知。

王维被人押着回到了城外的军营。自从那次参加了安禄山的宴饮之后，安禄山对王维青睐有加，所以众人像献宝一样将王维送回了洛阳。路途遥远，王维将先前准备好的药一点一点服下，很少的剂量，在到达洛阳见到安禄山时，药效发挥得很好。

王维见到安禄山的时候，他正坐在所谓的龙椅之上，身着龙袍。肥头大耳的安禄山坐在金黄色的龙椅上，仿佛是一摊肉放在了黄金上，王维看了只觉恶心。在侍卫的推搡之下，王维不得已下拜，却只说着："下官王维，拜见安将军。"却并未将其当成皇帝。

安禄山倒也不生气，反而好奇地问："是不是当年在长安弹琴的那个王维啊？你当年作诗，说朕以后能够杀敌报国，怎么样，朕现在果然做到了吧！"

王维是一个平和之人，他并不会像很多急躁的人那样破口大骂。而且现在的形势是，人为刀俎，我为鱼肉，这样做对王维的处境毫无益处。王维只安静地等着下文。

"原来你是个什么官？"安禄山不改粗野的脾性，直接问道。

"给事中。"王维似乎一句话都不愿意同他说。

"嗯，那你就还给我当给事中，好好干，朕不会亏待你的。"

"我年龄已经大了，身体和眼神都不太好，原本也是要向朝廷请求辞官的，只是奏折还未递上，就发生了这些事。况且我现在喉疾严重，恐怕不能继续为官了。"

说到这里，安禄山才发现王维的不对劲，他的嗓子仿佛格外嘶哑。安禄山虽然粗鄙，可是生性好疑，且为人狡诈，自然不会轻易相信王维，所以说道："既然是身体不好，那就养好了再当官。来人哪，把他送到菩提寺去，没有我的命令不许随意走动。"

王维就这样被押着送到了菩提寺，交给王维的好友韦斌看管。安禄山一边每日派郎中来诊治，另一边却发榜书写朝廷命官的名字，其中竟然有王维。还在寺中的王维对此并非不知情，可是他没有办法也无力解决这件事，只好听之任之，反正自己并未做出背叛朝廷的事情，清者自清，世人自有公论。有韦斌的照

行到水穷处，坐看云起时　王维诗传

应，一应生活倒是没有受到苛待。

王维虽然被软禁，可是住处倒也清幽。禅房在花木的深处，清雅别致，每日清晨的撞钟声，倒是让这个一心向佛的老人内心多了一丝安宁。他也会在天气好的时候，一个人拄着拐杖到寺后面的山上坐一会儿，这是王维唯一能做的排遣心中郁闷的事情了。青山依旧在，可是多了几分悲凉的色彩，如山般悲壮的是王维决不出任伪职的心情。菩提寺是洛阳有名的寺院，虽然洛阳遭到战火的洗劫，可是寺中的清幽不减当年。王维在洛阳宦游的时候曾经来过这里，那时王维还是青年才俊，青春的激情和满腔抱负正在等着王维一一去实现。可是今日再到这里，自己已经是囚犯的身份了，物是人非，事事休矣。被软禁几月有余，王维竟然在菩提寺看到了自己的好友裴迪。裴迪和韦斌做了很多工作，才让王维有机会同朋友一叙。

"摩诘兄竟清瘦了许多，这里一应习惯吗？"裴迪问道。

"我一切都好，只是外面现在形势如何？"

"皇上已经入蜀了，太子率领一队人马北上，与郭子仪大将军互相照应，准备攻回长安。"

"好，好，好！我大唐不能毁在这样的贼子手中。"贼子自然是指安禄山，可是王维又不能直接说出，因为寺中到处都是安禄山的耳目。

"凝碧池中舞乐又起，真是糟蹋了美景。"裴迪说得隐晦，可是王维知道并没有这么简单。

"凝碧池之事我也略有耳闻，可是真的？"

裴迪沉默了，看着窗外的青山绿水。国破山河在，可是黎民百姓、朝官乐人，和这残破的疆土一样，正遭受着莫大的灾难。

　　原来安禄山叛逆唐王朝之后，在凝碧池大摆宴会，逼使梨园弟子为他奏乐，众乐人思念玄宗唏嘘泣下。其中有个叫雷海清的人，掷弃乐器，面向西方失声大恸，安禄山当即下令，残酷无比地将雷海清肢解于试马殿上。凝碧池是洛阳禁宫中的皇家名池，如今洛阳惨遭荼毒，连昔日的歌姬舞师都不能幸免，王维想到这里，内心不禁悲从中来，一时难以自持，做了下面这首诗，正是这首诗以后在肃宗刀下救了王维的性命：

　　　万户伤心生野烟，百僚何日再朝天？

　　　　秋槐叶落空宫里，凝碧池头奏管弦。

　　　　——菩提寺禁，裴迪来相看，说逆贼等凝碧池上作音乐，供奉人等举声便一时泪下，私成口号，诵示裴迪

　　这首诗后来又被称作凝碧池诗，诗中强烈地表达了作者对亡国的悲痛和对唐明皇的思念之情。全诗之眼，在一个“伤”字。逆贼安禄山在凝碧池上作乐，供奉的人一时声泪俱下，此为技师之伤；千家万户的百姓，为满城荒凉而感到悲惨，这是百姓之伤；百官不能朝拜真正的天子——唐明皇，这是百官之伤；秋槐落叶纷纷落在原本热闹，而如今却空空荡荡的宫中，这是自然风物之伤，又何不是诗人自己心中之伤。正因如此，此诗才得到了唐肃宗的嘉许，并因此而减轻了王维的罪责。

行到水穷处，坐看云起时　王维诗传

王维在寺中被软禁，一应生活还过得去，可是他常常因为亡国之思而悲痛。曾经辋川别业的生活，再也回不去了。他特别怀念在辋川时候的悠然生活，虽然很多事情都要自己做，可是意义与现在完全不同。王维特别期盼能够回到平静的桃源生活。心情并不明朗的王维，在"安史之乱"期间只作了两首诗，一首为凝碧池诗，而另一首诗云：

安得舍罗网，拂衣辞世喧。

悠然策藜杖，归向桃花源。

——菩提寺禁口号又示裴迪

诗中表达了自己迫切地希望隐居生活的愿望。然而，王维现在的处境，洁身自好已经很难，更遑论隐逸于尘世之外。

被软禁半年有余，安禄山的耐心彻底耗尽了。他命人将王维下狱，并且明确地告诉王维，如果不为自己效力，就一直在监牢之中度过残生吧。

另一面，天宝十五载（公元756年）七月，即安禄山在洛阳登基这一年，太子李亨在灵州（今宁夏灵武市区）自行登基，称为唐肃宗，年号至德，公元756年则为至德元年。而此时还在世的唐玄宗李隆基被尊奉为太上皇。

为了迅速收拾残局，唐肃宗李亨在外封大将军郭子仪为朔方节度使，奉诏讨伐安禄山与史思明；对于政事，李亨礼贤下士，频顾茅庐以求得隐士李泌辅佐朝政。关于李亨与李泌相处的记载，史书中如是说：肃宗大小事情都征求李泌的意见，甚至于将相的任命和升迁都与他商议。以国君之尊，李亨竟然允许李泌同自己并马而行，甚至夜宿对榻而眠。对李泌的优待，显示了李亨的明君风度，这也使得许多散失的大臣和人才先后回归。

第八章

人生海海，不如归去

别后同明月

　　入秋时分，天气转冷。在一个下过微雨的早晨，一群不速之客来到了菩提寺。呼和声打破了禅寺的宁静，王维留恋地又望了眼远处的青山，回望这个被软禁了几个月的地方，若是抛开一切不谈，王维对这里的禅寂倒是颇为喜爱。自由的空气，王维觉得这是自己最后一次呼吸到了。你终于忍不住了吗？王维心中暗自想道，安禄山耐心耗尽的一天，就是自己下狱甚至被杀的一天，可是王维对此并不恐惧，内心反而宁静得可怕，该来的我绝对不会推，王维的脸上露出了少有的决绝的神色。

　　被推搡着赶进牢房，一股潮湿的霉烂之气扑面而来，王维眼前一下子黑了起来。不辨方向的他只能紧紧跟随牢头的脚步向前移动，耳边不时传来叹息声、号叫声，侧耳细听，还有老鼠尖利的吱吱叫声。王维心中颤了颤，也许这就是自己最后的归宿。曾几何时，自己年少轻狂，追求的丰功伟业、裂土封侯，转眼成了过眼烟云，而今陪伴自己的，只剩下坚持的气节和阴暗潮湿的牢

　　行到水穷处，坐看云起时　　王维诗传

房。曾几何时，也觉得自己的政治生命无限长久，妄图在混乱不堪的朝中找到一席之地，如今想来也不过是黄粱一梦。曾几何时，远山青黛、涓涓细流都是他生命的寄托，可如今，这些美好的事物都成了梦中浮生。

想象还在脑海中翻滚，牢头喝止道："人老了，眼睛也不管用了吗？到了，快点进去！"

王维从来未被如此对待过，即便是贬官之时，还是颇受尊重的，所以一时之间竟没有反应过来对方说的是自己。

"说的就是你，穿白衣服那个老头！到了这里来，管你以前是什么大官，如今统统都得听我的！"王维终于反应过来，他刚一进去，就听到身后"咔哒"一声，是锁头咬合的声音。我就这样失去了自由吗？王维苦笑。

此时，前方的战事已经有了转机。唐肃宗李亨即位的消息在河南、河北、江淮之地传开，散落的忠臣良将不断向肃宗聚拢，军士和百姓的抗敌复国之决心愈发浓烈。肃宗采取的三项军事行动都大获全胜：其一为取灵武。这一路军队有五万之众，由大将军郭子仪统帅。从河北到五灵，一路征战，胜多败少，士气大振，百姓和朝廷对恢复唐朝重新燃起了斗志。其二为解太原之围。李亨任命李光弼为户部尚书、北都留守。李光弼率领军队，以少胜多，以不足万人之数击退史思明对太原的围攻。其三为战争动员。肃宗任命颜真卿为工部尚书兼御史大夫，在河北一带负责号召军士积极响应战争，奋勇杀敌。

可是王维并不知道这些战报，自从进了监牢，他就没有想过自己能够活着出去。牢房中没有床铺，只有一团脏乱的稻草铺在地上，王维略微铺平整了这些稻草，用作晚上睡觉用的床，聊胜于无。冰冷的石砖铺成的地面，寒冷刺骨，每到了黎明时分，王维都会被冻醒。剥夺自由，也是牢房对犯人的最大惩罚，当然不会给你营造悠然的环境。关押王维的牢房似乎特别破旧，高大的石头墙上，连扇窗户都懒得开。被关在这样阴暗的牢房，失去自由的仅仅是王维的身体，他的心一刻都没有停止过对外面的向往。

王维自从被软禁在菩提寺，他就没有再服用过药物。可是毕竟岁月不饶人，喉疾一直都没有痊愈。牢房的饭菜本就难以下咽，而且此处关押的都是得罪"皇帝"安禄山的人，所以送来的饭食十次里有七次是馊掉的。第一次看见牢房的饭菜，一个破旧的碗，看不清是否干净，上面是几根发黄的青菜，下面是掺杂着沙子的米粒，闻起来一股酸溜溜的味道，王维看着眼前的饭食，竟然吐了起来。所以王维做了个大胆的决定，他绝食了。一则用绝食来抗议安禄山的拘押，二则这牢房的饭菜实在没法吃，索性不吃也罢。一连十日没有吃东西的王维终于病倒了。对于王维的行为，著名的大诗人杜甫曾经这样赞美道：一病缘明主，三年独此心。

不知道自己得的是什么病，也不知道自己能不能挨过。韦斌得知王维在狱中重病，心急不已，又不敢轻易做些什么。韦斌虽然在伪朝任黄门侍郎，是一个高官，可是并没有真正取得安禄山的信任，时时都受到上下官员的监视，连朋友来拜见，聊起略微敏感的话题他都只能用手语。在观察了几日之后，韦斌终于打点好了上下，请来了郎中给王维诊治。病势凶猛，且王维已经五十六岁高龄了，居住在牢房中，能不能好全靠造化了。这病王维自己也不知道持续了多久，或许是命不该绝，身体竟渐渐好转起来，连喉疾也渐渐好转了，这竟是意外之喜。经过韦斌的上下打点，王维的饭食虽谈不上精致，却不至于再吃腐烂的食物。

韦斌打点好了一切，然后偷偷地到牢房中看过王维一次。他宽慰道："你不要灰心，我会尽力帮你周旋，争取救你出来。"

"我还没谢谢韦兄相助，你的情况也不是能够随心所欲的，还是保重为要啊！"

"放心，我有分寸。牢中上下我都打点好了，你有事情尽可以嘱托牢头。"

"多谢韦兄，你自己也要小心应付，安禄山是一个极其多疑之人，切不可掉以轻心。"

"我的时间不多，马上就得离开。可还有什么需要我置办的东西，你说与我，我准备好了让牢头给传进来。"

"我这里一切都好，只是闲来实在难受，如果方便，我想要些纸笔可好？"

"嗯，好的。我得走了，东西会让人带进来，你照顾好自己，来日方长！"

说完话，韦斌重重地握住了王维的手，然后头也不回地离开了。患难见真情，王维十分感谢韦斌能在自己患难之时施以援手，特别是在处境如此艰难的情况之下。

只要有人的地方，就有权谋；只要有权力的地方，就涉及你死我活的斗争。自古宫廷向来如此。安禄山的后宫之中也有这样的问题，安禄山如何也不会想到，征战一生的自己竟然会死于非命。原本就患有眼疾的安禄山，自起兵以来，视力渐渐衰退。至德二年（公元757年），安禄山的双目失明，看不见任何物体。同时他又患上了疽病，随之性情变得格外暴躁。左右侍从，服侍安禄山的时候不能出一点差错，稍有不如意，安禄山动辄打骂。如果不小心犯了错误，便会被棒杀。安禄山在朝中极为倚重的严庄，也时常遭到鞭打；近侍李猪儿干活最多，犯错自然也就最多，所以他挨打的次数也最多。同时，安禄山宠爱次子安庆恩，常常想立安庆恩为太子。这样的情况下，安庆绪为了保住自己的权力，严庄也怕宫变对自己不利，所以和安庆绪、李猪儿串通谋害了安禄山。

　　正月初五夜，安禄山被儿子安庆绪和大臣严庄、宦官李猪儿在帐中杀死，享年五十五岁。得手之后，安庆绪在安禄山的床下挖了一个深坑，毛毯裹尸，把安禄山埋在其中。第二天，严庄对外宣告安禄山病危，立安庆绪为太子。几日之后，安庆绪即位，年号为载初，尊奉安禄山为太上皇。最后一切事情都处理妥当后，声称安禄山病逝，然后发丧。

　　安庆绪为人懦弱无能，安禄山在世的时候尚不能完全统领叛军，何况他这个黄口小儿？所以他事事都倚仗严庄。严庄生性喜爱金银财宝，韦斌抓住这个机会，私下里贿赂了严庄。安禄山死后四个月，王维重新获得了自由。

韦斌在自己府宅的旁边帮王维找到了一个临时的落脚处。重见天日的王维非常感激韦斌的帮助，修整好了，马上去韦斌的府中拜见。

　　"维自以为要在狱中度过后半生，没想到也能有重见天日的一天。此番得以脱离缧绁之苦，还要多谢韦兄相助。"

　　"我不过是做了自己该做的事情罢了。我自知时日无多，能为你做的也只有这些了。"

　　"韦兄何出此言？"王维劝说道。

　　"守郡破城之日，我本想自尽以谢罪。可是安禄山抓了我的妻儿，我若不同意他的要求，他就要杀我家小。不得已之下，我只能接受伪职。可惜我一世英名，竟然落得个晚节不保的结局。唉！"

　　此时的韦斌，战战兢兢地度过了一年，殚精竭虑的他身体情况也每况愈下。"饿死事小，失节事大"，被逼无奈之下担任伪职，是一直扎在韦斌心中的一根刺，如鲠在喉。韦斌意识到自己可能等不到唐皇光复的那一天了，所以他把自己的心愿说与王维听。然而韦府到处都是眼线，说到关键之处，他也只能用手语表示。

　　韦斌叹息中的话语虽然并未说出口，但是王维明白，韦斌是对自己名节的叹息。韦斌的无奈和痛苦，王维感同身受。

　　"摩诘兄的为难之处，世人都是理解的，你又何必妄自菲薄？"

　　"前日上朝，我听闻郭子仪郭将军从洛交出兵，已经攻克了河东和潼关了。四月的时候，他曾经领兵进军长安。虽然没有成功，可是从战略上讲，阻击了安军的进攻就为朝廷的反攻赢得了时间。所以，你一定要坚持住，恢复大唐之日指日可待！"说到动情处，韦斌激动得面红耳赤。

王维点头表示赞同："若真是能看到这一日，我死不足惜！"

"可是我已经没有脸面再去面对圣上了，今日既然已经与你表明心迹，我的心愿已了，再别无他求。"

韦斌本是抱着曲线救国的想法，打算潜入敌军内部，意图从内部瓦解敌人。可是如今看情形，这一目标是不可能达成了。若一直这样任伪职、当叛臣，自己必定会遗臭万年。如果公开反抗，不仅毫无效果，还会连累一家老小，所以他打算把自己的心迹说与王维听，以便日后王维能够代替自己向朝廷表白心迹，洗清自己叛臣的罪名。

王维又宽慰了韦斌一番，然后回到了自己的住处。他明白，韦斌今日说的所有的话语，都是一种告解。今日之后，韦斌必定不会苟活于世。果然，第二日，韦斌服药自杀。

行到水穷处

　　铁蹄踏破秋声，枫林萧瑟之时，唐肃宗李亨终于夺回两京，光复大唐，这年，王维五十九岁。

　　至德二年（公元757年）九月，肃宗命广平王李俶亲率十五万大军，号称二十万，以李嗣业为前军，郭子仪为中军，王思礼为后军，主动出击讨伐叛军。经过一天的激战，各路兵马全线告捷，共计杀敌六万，并收复了长安。三日后，大军东取洛阳。郭子仪率军攻克了华阳、弘农二郡，又与回纥兵两面夹击洛阳城。叛军大败，安庆绪率余党乘夜色逃到河北去了。十月，官军收复了东都。

　　听到大唐军队捷报频传，王维满心欢喜，期待光复之日的到来。或许人生就是由许多悖论交织而成，希望越大，失望也就越大。寺院软禁之悲、身陷囹圄之苦都没能让王维有丝毫的退却，可是当他的翘首企盼竟化作铁链，再一次锁住了久违的自由，王维的心中有无限的悲戚。

那是一个阳光微醺的晌午，肃宗大军破城而入，军纪严明，对百姓秋毫未犯。皇榜昭示着大唐的回归，市集上的百姓欢呼跪拜，已经五十六岁的王维雀跃之情丝毫不减。秋日在这样的氛围中，跟寂寥无干，正应了那句"晴空一鹤排云上，便引诗情到碧霄"。

焚香净手毕，王维在桌前煮着茶，自己已经好久都没有心情做这些事情了。恍惚间，曾经坐于窗边煮茶的少年又回来了，举手投足间，儒雅尽展。茶具、茶叶一应俱全，茶香漫溢。仿若倏忽之间，煮茶之人挺拔的身躯渐渐老去，乌黑的头发慢慢花白，可是一种寂寂的沧桑之感，让眼前的人更有了几分禅味和岁月洗礼的味道。

王维刚刚盛出三沸之茶，仅此一碗。杯到嘴边，大门被人撞开，突如其来的声响让王维停止了手中的动作。一群粗鲁的士兵气势汹汹地闯了进来，吆喝着给王维戴上了枷锁，推搡着向外走去，而此时，桌上刚刚煮好的茶水还冒着热气。热气慢慢升腾，到空中蒸发，不留下一丝痕迹，仿佛是王维刚刚升起的希望，在铁链下渐渐消失不见。一个手无缚鸡之力的文弱书生，一个枯老如朽木的半百之人，又何须如此之多的士兵羁押呢？王维不禁苦笑。

因为安禄山的"皇榜"上曾经任命王维为给事中，虽然王维并未接受伪职，但是领用了安禄山的俸禄，所以尽管王维为此受尽苦头，此时已经是百口莫辩。被人从洛阳的家中绑缚而出，王维不禁苦笑，一年之内，以为逃离缧绁，没想到才呼吸了几个月的自由空气，就又要回到那个阴暗潮湿的房间了。

境况似乎没有想象中糟糕，王维和郑虔等人一并被囚禁于宣扬里的杨国忠旧宅之中。杨国忠掌管朝政之时，王维一步都不曾踏入过这个肮脏的宅院。那时的王维独自经营辋川别业，过着乐在其中的半隐半仕的生活。辋川的山水依然如桃源般纯洁吗？战火的蹂躏下，王维不敢想象辋川会不会也遭到荼毒。闲来在山中独居，体味禅宗的玄妙；时而与好友相互酬和，不时有诗作让人耳目清新。彼时的自己，仕途上身处朝廷机要之职，但仍可游刃有余。信奉佛教，就有许多德高望重的大师与自己谈禅，甚至还结交了日本僧人。诗画上，有裴迪等一并好友，相互往来。平凡的生活却成了最美的时光。如今，自己再次成为囚徒，失去自由，委屈地被关押在奸臣之府宅，不知道命运如何。弟弟王缙虽然是曾经的太子李亨一党，可是被留在蜀州担任刺史，亲人不能相见。想到这里，王维的难过便无法自持。

然而，在被囚禁一段时间后，发生了一件事情，让王维看见了一线生机。这日午后，一个仆人模样的老者来到了王维等人被囚禁的地方。对方虽然身着下人的装束，可是说起话来竟有一种不怒自威的感觉。他简短地说道："老奴是崔相国的管家，相国是爱画之人，素闻几位大人善于作画，如果方便，可否到府一叙，相国想讨几张画。"

王维谦和地回答道："岂敢不效犬马之劳，只是我们现在正在被囚禁，不能擅自出入，又怎么能去相国府上呢？"

"此事您大可放心，老奴自会妥善安排。"说完，管家做了一个请的手势，王维等人果然顺利出府，坐上了去见崔圆的马车。

原来唐肃宗李亨的宰相崔圆，素知王维等三人善于作画，所以私下里召见他们三个人，想为自己的府邸作几幅壁画。崔圆在肃宗的眼中有着不同寻常的地位，天宝十五载（公元746年），唐玄宗让位于李亨之后，崔圆与房琯、韦见素一起辅佐肃宗，亲自参与指挥平息"安史之乱"。收复两京后，为了表彰他的功劳，官拜中书令，封赵国公。崔圆的功勋如此之大，王维等人都希望他能解救自己，所以"运思精巧，颇绝其能"。

在狱中多时的王维，对作画却不陌生。他收起笔落，一幅灵动的辋川闲居图跃然纸上。笔墨浓淡深浅，层次分明，明明是黑白的画作，一时之间竟然焕发出了色彩与蕴藉，熠熠生辉。王维在作画上本就独树一帜，以泼墨画法闻名于世。且王维的诗画互融，意境与色彩极为相衬，作画已毕，受到崔圆的赏识。听过王维的经历之后，崔圆颇为感慨。崔圆极为敬重王维的品节，所以他当场许诺，一定帮助王维洗清冤屈。

收复洛阳后，唐肃宗返回长安。不久，太上皇玄宗也从蜀中回到长安。平乱之后，朝廷开始着手处置曾经叛国和接受伪职的官员们。处罚的力度很大，分为六等罪，分别为斩首、赐自尽、杖刑、降职贬谪、囚禁等。在崔相国的帮助之下，王维被定为三等罪。

一日早朝过后，只剩下崔圆与肃宗研究追杀叛军余孽的事宜。因见肃宗颇好诗词，所以崔圆斗胆请求为肃宗念一首诗。他说道："皇上近日烦劳，臣恰好听到了一首好诗，能否念于皇上听？"

"什么好诗？朕先把丑话说在前头，如若不好，朕就治相国一个欺君之罪。"李亨不若玄宗威严，与臣下的关系也很是融洽，常常开些玩笑。

"万户伤心生野烟，百僚何日更朝天？秋槐叶落空宫里，凝碧池头奏管弦。"

"这诗倒是还好，难得这作诗之人一片忠心。"

崔圆跪下谢罪道："臣有罪。此诗是罪臣王维作于普济寺内。当时王维逃跑没有成功，被安禄山抓住，因为不接受安禄山的伪职，被软禁在了寺中。听闻凝碧池之事后，他作了这首诗。"

肃宗仿佛想起了什么，于是问道："可是给事中王维？"

"正是！"崔圆回答道。

"他并未接受伪职？可是为何安禄山的记录上有他的名字？"

"事实上，王维不但未出任伪职，反而因为反抗，被安禄山下狱，在牢房中被关押了近一年。后来得韦斌解救，才得以重见天日。"

"这么说是朕冤枉了一个忠臣？"

"臣不敢，只是臣请求皇上能够明察。"

或许应了那句好事多磨。李亨虽然为人谦和，可是他毕竟是君主，不可能轻易相信任何人，所以此事暂且搁置不提。当朝堂之上的事情都安排妥当之后，王缙被召回长安了，肃宗给了他刑部侍郎的职位。

又过了些日子，时任刑部侍郎的王缙上书，请求以自己的官位为兄赎罪。王缙在肃宗争夺皇位之时，起到了很大的作用。肃宗看在王缙的面上，又想起王维在凝碧诗中所表露的忠心，这一次真的动容了。所以特加宥免，但并未官复原职，而是贬为了太子中允。免罪之后，王维有诗云：

忽蒙汉诏还冠冕，始觉殷王解网罗。
日比皇明犹自暗，天齐圣寿未云多。
花迎喜气皆知笑，鸟识欢心亦解歌。
闻道百城新佩印，还来双阙共鸣珂。

——既蒙有罪，旋
复拜官，伏感圣恩，窃书鄙意，兼奉简新除使君等诸公

以诗一首来表明自己的心迹，以诗一首来酬谢所有帮助过自己的恩人。正所谓，君子之交淡如水是也。

没有哪一座历史古城没有经过战火的焚烧。所谓凤凰涅槃，浴火重生，战火其实是另一种意义上的洗礼，它让这座城池有了生命，有了仁慈，有了骨骼和血肉。沉重有时候是另一种意义上的积淀。王维仿佛还能闻到烧焦的木头发出的味道，仿佛还能听到哭号声，长安城仿佛还有断壁颓垣没有修整好。可是它又开始焕发生机，这从百姓充满希冀的脸上可以得知。

王维坐在弟弟准备好的舒适马车上，安稳地前行，心中渐渐浮起梦里浮生之感。好像这两年来的出逃、大病、软禁、牢房、被诬陷……都未发生在自己身上，这样也好，就当是做了一场噩梦吧，梦醒了自己没有无路可走，王维心中不免有戚戚然之感。

瑟瑟秋风卷起满地黄叶，这个秋天对于王维来说是复杂的，但可以确定的是，他并不落寞，因为他还有亲情。王缙早早地在门口迎接哥哥回家，一场浩劫仿佛有一生那么久，曾经一起读书、淘气的孩童，如今都变成了略微佝偻的老人。虽然头发花白、历尽沧桑，最终他们还是相聚了。劫后余生，与亲人相见那一刻，王维终于忍不住了，与王缙相拥而泣。血浓于水，两兄弟相互帮扶着走过大半生，王维突然发现，弟弟已经不是当年的稚童了，他再也不需要自己的帮扶与照顾。

　　风烛残年，两个兄弟却有着不同的志向。王缙经过这么多年的经营，他的力已经开始在朝堂之上蔓延，盘根错节。刑部侍郎不是他最终的目标，那个位极人臣的位置，才是他一直的目标。如今的王缙有肃宗的信任，有同僚的看重，虽然已经半百有余，可是他觉得自己的政治生命才刚刚开始，正在一点点地渐入佳境。他不会放弃曾经的梦想。既然哥哥已经找到了另外的寄托，那么就让我来完成曾经的期盼，带着哥哥的那份一起。

　　然而，饱经风霜的王维，早就看淡了世事，看破了生死。佛家所谓放下说的就是王维现在的心境。放下了执念，王维的内心得到了永久的平静。参禅的第三种境界——看山还是山，看水还是水。饱经沧桑，开悟生慧，便可"任他红尘滚滚，我自清风明月"，王维已经领悟到了所谓心外无物，身外无物，又往何处去惹尘埃呢？

莲花处处开

一念心清静，莲花处处开，一花一世界，一叶一菩提。以我之心观物，则世上之物皆着我之色彩，此之谓有我之境；以物之心观物，由物生境，由境生情，此之谓无我。王维真正达到了这个境界，所以他的世界空明澄澈。

面对这么多亲友帮自己争取来的官位，王维不能潇潇洒洒地弃官而去，浪费了这么多心意和努力。但是他可以选择心隐，所谓大隐隐于朝，既然已经以身为形役，那就不能再放逐自己的内心。

闲来无事，王维喜欢在自己的庭院中伫立。梅香带着严寒的味道，扑面而来。西风起了，六角雪花一片一片地滑落，静静地落在王维的头上、肩膀上、手上，宁谧安详，仿佛世界都干净了。又是落雪时节，这一生，王维不知道自己看见过多少次雪花的飘落，可从没有过如此安宁的心态。人生在世，何人不是在失去中度过？那些你心心念念想要追寻的东西，最终不过是水中之月、镜中之花，到头来不过是黄粱一梦。它就像是流沙，你越是用力抓紧，它流失的便越快。当你明白了这个道理，你便学会了舍弃，舍弃了之后才能持有。选择和放弃，轮回路上始终如影随形。

王维的房中除了书籍、檀香、案头、笔墨，一应摆设全无。平日里，下朝之后的王维，最常做的事情就是一个人坐在案头前，用蝇头小楷，抄写什么东西，一坐就是半天。他不需要下人服侍，也不想要被纷扰的人声打破久违的平静。待到春暖花开之时，他一定要重新回到辋川，去看看自己魂牵梦绕的世外桃源。其实，"安史之乱"后，已很少有人隐居辋川。但是，王维与辋川别业的不了情，又岂是轻易割舍得了的？"草色日向好，桃源人去稀"，尽管如此，还是让他时时怀念，"今年寒食酒，应是返柴扉"。

乾元元年（公元 758 年），经过唐肃宗的努力，破败的山河渐渐恢复原貌，唐朝逐渐呈现出中兴之态。虽是盛唐繁华不再，可是如今经过战火洗礼的安逸，让人更加懂得珍惜。这日早朝，肃宗在大明宫举行隆重的登基典礼。时任中书舍人的贾至，作诗以表庆贺，全诗如下：

银烛熏天紫陌长，禁城春色晓苍苍。

千条弱柳垂青琐，百啭流莺绕建章。

剑珮声随玉墀步，衣冠自惹御炉香。

共沐恩波凤池上，朝朝染翰侍君王。

——贾至《早朝大明宫呈两省僚友》

这首诗当时很是引人注目，有名的大诗人杜甫、岑参都曾经

作诗相和。王维利用细节描写和场景渲染，也和诗一首，写出了
大明宫早朝时庄严华贵的气氛，别具艺术特色。

> 绛帻鸡人送晓筹，尚衣方进翠云裘。
> 九天阊阖开宫殿，万国衣冠拜冕旒。
> 日色才临仙掌动，香烟欲傍衮龙浮。
> 朝罢须裁五色诏，佩声归向凤池头。
>
> ——和贾舍人早朝大明宫之作

王维的这首和诗，通过上朝前、上朝中、罢朝三个阶段，写
大明宫早朝的庄严气氛和中兴后上朝时的威严。第二联写上朝时
宫殿门大开，包括少数民族在内的群臣和外国使节朝拜，中兴气
象全在这一联中。结尾一联，王维以罢朝后贾至还要写诏书，遥
想佩声渐渐移入中书省作结。

从这首诗中，不难看出王维诗风的转变。叛乱之前，王维的
诗风多样，既有"新丰美酒斗十千，咸阳游侠多少年"的豪迈游
侠诗，也有"大漠孤烟直，长河落日圆"的边塞诗，更有"独坐
悲双鬓，空堂欲二更"的禅趣。

但是"安史之乱"后，无论从创作热情、创作数量以及创作
活力上，王维的作品都辉煌不再。沉痛屈辱的战争体验、垂暮将
至的身心俱疲，让王维的诗风一改"安史之乱"前的清新淡远，
转而呈现出低郁深沉的特点。对于王维来说，陷贼和幽囚的体
验，暂时还无法消散，重整心灵还需要一段时间。

这段时间里，王维或者忙于政务，或者诵经念佛，根本无心创作。《旧唐书》本传称：王维在京师，每天供养十几名和尚，以玄谈为乐。他的居处无所有，只有茶铛、药臼、经案和绳床而已。作为南禅宗的信徒，王维却坚持北禅宗提倡的坐禅、念经和施舍等佛教行为。

乾元中（公元758—759年），王维累次升迁，先被擢升为太子中庶舍人，后又官复原职，担任给事中的职位。可是这些对于如今的王维来说，不过是一个又一个的名字罢了，没有什么实际的意义。

但是有一件事，王维倒是认认真真地完成了——韦斌的嘱托。韦斌虽然已经去世了，可是王维把他的情况承告于肃宗，使得朝野上下无不对韦斌敬佩有加。王维自请为韦斌书写墓志铭，为的是赞扬韦斌的人品，也是通过追忆的方式，让世人知道韦斌和自己曾经的遭遇，名为《大唐故临汝郡太守赠秘书监京兆韦公神道碑铭》。

这是王维曾经许诺韦斌要做的事情，现在他做完了，了却了心事的王维，真正一心一意地陶醉于山水之间，追寻自己的生活了。

式微，式微！胡不归？微君之故，胡为乎中露？
式微，式微！胡不归？微君之躬，胡为乎泥中？

最美是清秋

  人间四月芳菲尽，乱花谢去，盎然的春意化成一片片青翠欲滴的绿。王维再次来到了辋川别业。这里已经没有人住了，曾经自己精心修饰的花园、亭阁也杂草丛生，像此刻的王维一样，缺少了灵气。蔓延的颓败凋零，这是战争给辋川留下的痕迹，又何尝不是战争在王维心中种下的伤痛？

  绕门而行的辋水，仍然奔流不止。逝者如斯，如水年华匆匆流过，垂髻变白发，似乎一生的沧桑都隐匿于其中。时隔三年，王维再次踏上辋水上的木桥时，心中的感慨无以言表。

  旁边曾经宴请朋友的楼阁，曾经与禅师坐禅的禅室，如今已满布蜘蛛网。王维推开主房的门，撩开横在眼前的蜘蛛网，一股呛鼻的尘埃迎面而来，引得他一阵咳嗽。屋内的陈设没有改变，可是案头桌椅上厚厚的尘埃、满眼的苍凉，无不昭示着荒颓与残旧。这里曾经是王维的世外桃源，在这里，他曾经远离了朝堂之上的一切纷扰。李林甫当权时，他避世于此；杨国忠弄权时，他

  行到水穷处，坐看云起时 王维诗传

隐居于此。王维曾经把所有的寄托都放在这里，这不但是王维身体的归宿，更是他心灵的寄托。可是如今看来，所有的美好不过是人们暂时为自己营造的美梦罢了。

人生沉浮，所有得到的东西终将逝去，不变的唯有这山、这水、这流淌的时间、这孕育万物的自然，还有曾经留下的作品。

王维看到白石滩上停着一叶扁舟，他不自觉地坐上扁舟，顺流而下。船随着水流一并注入敧湖。敧湖菡萏花开，香气清幽。几年前，湖心亭刚刚建成之时，自己曾经和钱起一起游玩，那时的自己多么惬意悠闲。王维并未摇动船桨，只是随波逐流，倒也有一番别样的趣味。行到水穷之处，王维坐在岸边，抬眼望到天边的云卷云舒，想象着浮生若梦，他不知道自己何时能够梦醒。可以笃信的是，今生所有的遭遇都是前世的果，都是为后世种下的因，任何人都无法改变，只能去接受。

王维没有再修葺辋川别业，而是在第二年，把别业全部送给了长安的相国寺。栖身之所是何模样，早已经不重要了，因为王维已经找到了心的归属。然而，人总是矛盾的，对于曾经得到，但现在已经失去的东西，回忆常常是最好的纪念。这同样也表现在王维对辋川的怀念上，在临死前那一年，他写给裴迪的诗中，更是直白地表明了这种思念：

不相见，不相见来久。

日日泉水头，常忆同携手。

携手本同心，复叹忽分襟。

相忆今如此，相思深不深。

——赠裴迪

　　这几句诗，已全没了诗中有画、画中有诗的优雅。离开了他的桃花源——辋川，就像宝玉失去通灵一样，他的诗歌也失去了灵性的润泽，而只剩下灵魂的呐喊。一个心归林下的人，却总是误入红尘，不亦悲乎！

　　现世安稳，岁月静好大抵如此。风烛残年之时，王维的官级也缓缓上升。上元二年（公元761年），六十一岁的王维被擢升为尚书右丞，正四品下。尚书右丞隶属于尚书省。尚书省设尚书令一人，正二品，掌典领百官。左右仆射各一人，从二品，掌统理六官，为令之贰，令阙则总省事，劾御史纠不当者。左丞一人，正四品上；右丞一人，正四品下。掌辩六官之仪，纠正省内，劾御史举不当者。

　　而此时的王缙，迎来了一生之中最为辉煌的时刻，拜同中书门下平章事，是为宰相。门可罗雀的王府一下子热闹起来，往来祝贺的官员络绎不绝。王维很是欢喜，他高兴的不是自己的弟弟身在宰相之尊，而是王缙终于实现了自己多年以来的愿望。佛曰：人生八苦为生、老、病、死、爱别离、怨憎会、求不得、放不下，王缙终于解脱了求不得之苦。试问人生在世，有什么事情比心愿达成那一刻更能让人幸福呢？两个年近花甲的老人，马上面临着人生的轮回。一个找到了内心的归属，旨趣渐趋于佛心；一个得到了人生的辉煌，志向转向黎民苍生。

找到心灵归属的王维，反而不是常伴在青灯古佛之侧，他变得更加圆通。对仕途没有了功利之心，反而得心应手了。其诗风的审美选择也更加入妙，这在一首诗中有充分地体现：

> 褒斜不容幰，之子去何之。
> 鸟道一千里，猿声十二时。
> 官桥祭酒客，山木女郎祠。
> 别后同明月，君应听子规。
>
> ——送杨长史赴果州

这首诗是王维在上元二年（公元 761 年）作的，随着阅历的加深与艺术的成熟，王维的审美选择更加玄妙，点染往往出人意料。"之子"一句由《诗经·卫风·伯兮》演化而来，兴韵寄予风土。诗中写的官桥的巫祝、树丛的女神祠，都是入蜀道路上特有的风物。以数目描写以达到夸张的效果，完全避开了送别的俗套，不落窠臼，几笔就把蜀地的艰险和风物的优美写了出来，具有超俗的画意和诗情。

上元二年（公元 761 年），王维六十一岁。这一年，这个饱经风霜的老人，生命之光渐渐熄灭。年初，王维身上的旧疾复发，曾经一度卧床不起。然而春天的到来，让王维也有了一线生机，病情渐渐好转。病重的王维丝毫没有畏惧，此刻看破生死的他忽然明白了，当年躺在床上的母亲为何面容如此安详。那是一种大彻大悟之后的智慧，不悲不喜，默然也可欢喜。

久病之人，不愿出门。王维仿佛对自己的离去有预感，他极为珍惜自己仅剩的时间。如今，他每天的生活除了吃斋念佛，就是坐在案前整理自己的诗稿。王维最为喜爱的还是居于辋川之时的习作，大多是与裴迪一起游览所作。王维选取了二十首诗，成诗集一本，名之曰《辋川集》，并撰写序言云："余别业在辋川山谷，其游止有孟城坳、华子冈、文杏馆、斤竹岭、鹿砦、木兰柴、茱萸沜、宫槐陌、临湖亭、南垞、欹湖、柳浪、栾家濑、金屑泉、白石滩、北垞、竹里馆、辛夷坞、漆园、椒园等，与裴迪闲暇，各赋绝句云尔。"奉佛极深的王维，追求内心的安适与宁静，辋川别业的幽静的风景契合了他的心境，所以《辋川集》中所录所写多是自然界的空灵之美，这也是王维作品中成就最高的一部分。

　　看到哥哥的身体好转，王缙也就放心地去了凤翔公务。

　　长安的七月燥热难当，午后的蝉鸣愈发明亮，微风吹过树叶，猎猎作响。禅境自此而生。王维忽略掉炎热的气候给身体带来的不适，昏花的眼神，略微颤抖的手，每况愈下的身体在今日竟然出奇般轻松。王维忽然意识到，自己距离去时不远了。王维想抓住临终之前的短暂时光，他还不放心贪欲过剩的弟弟，他还没有与亲近的朋友一一告别，于是王维忽然索求笔墨，写信与在凤翔的王缙诀别。信中他劝王缙学会急流勇退，戒骄戒躁，戒除贪冒，善自珍重。还与平生亲故写了数张诀别书信，其中内容"多敦励朋友奉佛修心之旨"。

　　晚霞映红了天边，变化莫测的天空出现了离乱的色彩。傍

　　　行到水穷处，坐看云起时　　王维诗传

晚是一天中色彩最美的时光，可是王维早已无心欣赏这窗外的美景了。用尽了力气的王维安静地回到了榻上，这一生，他已经别无所求。官不甚大，言不甚深，可是他终究是一个不能磨灭的存在。弥留之际，王维的眼前又出现了妻子灿烂的模样。

相遇之时，王维对妻子一见钟情。有美人兮，见之不忘，一日不见兮，思之如狂。

大婚之夜，他们曾经纵情歌舞。漫天的樱花中，一抹红色的身影摇曳生姿。他弹起琵琶，幸福从指间中溢出。王维无数次在梦中看到的情景，如今真切地出现在眼前。

琴瑟弦，琵琶语，高山流水觅知音，共谱一曲相思引。浅黛如水，柔眸微启，斜倚轻风里，淡看花开花落。指捻花香，步步生莲，一帘幽梦里，闲观云卷云舒。凝眸远望，望尽天涯路，等你来看细水长流，你不来，我不敢老去。

梦中的繁花簌簌落下，如今双鬓为霜、尘埃满面的自己，再见到她时，她是否会认出我？他们终于可以再重逢了，这次宛如等的时间更久，三十年，她还会像年少时那样，坐在镜前梳妆，等着自己来画眉吗？举目四望，最终王维将目光远远地投向了窗外，他的嘴角微微有了弧度。"宛如，这一世，我终究是没有负你。这一生，再无牵挂！"

图书在版编目 (CIP) 数据

行到水穷处，坐看云起时：王维诗传 / 红豆著 . ——
北京：中国华侨出版社 . 2021.3（2021.5 重印）
　　ISBN 978-7-5113-8449-2

　　Ⅰ . ①行… Ⅱ . ①红… Ⅲ . ①王维（699-759）- 传
记 Ⅳ . ① K825.6

中国版本图书馆 CIP 数据核字（2020）第 231029 号

行到水穷处，坐看云起时：王维诗传

著　　者 / 红　豆
责任编辑 / 江　冰
封面设计 / 冬　凡
文字编辑 / 黎　娜
美术编辑 / 李丹丹
经　　销 / 新华书店
开　　本 / 880mm×1230mm　1/32　印张 / 8　字数 / 160 千字
印　　刷 / 三河市众誉天成印务有限公司
版　　次 / 2021 年 3 月第 1 版　　2021 年 11 月第 4 次印刷
书　　号 / ISBN 978-7-5113-8449-2
定　　价 / 38.00 元

中国华侨出版社　北京市朝阳区西坝河东里 77 号楼底商 5 号　邮编：100028
发 行 部：（010）88893001　　传　真：（010）62707370
网　　址：www.oveaschin.com　　E-mail：oveaschin@sina.com

如果发现印装质量问题，影响阅读，请与印刷厂联系调换。